Elogios para
NUEVOS CLÁSICOS LATINOS

«Las recetas de Lorena están llenas de sabores vibrantes, color e inspiración, y su pasión por la cocina latina está presente en cada página».
—CANDICE KUMAI, PRESENTADORA GASTRONÓMICA DE TV,
AUTORA DE PRETTY DELICIOUS

«Me encanta la manera en que Lorena utiliza sus conocimientos de los ingredientes latinos y los fusiona con su pasión por la cocina de todo el mundo».
—BOBBY FLAY

«Creo que Lorena García es actualmente una de las chefs latinas más emocionantes de Estados Unidos. Ella tiene un estilo maravilloso para cocinar y ha logrado capturar sabores increíblemente auténticos a través de sus recetas accesibles y fáciles de seguir. La comida de Lorena es deliciosa, fresca y vibrante. Quiero comer y cocinar todo lo que contiene este libro». —CURTIS STONE

«Siempre he sido una fan de Lorena García, como chef y como persona. Ella crea de manera coherente comida natural y deliciosa llena de pasión, limpia e inteligente. Sus recetas latinas son inspiradoras y no tienen artificios. ¡Todo el mundo debería hacer este maravilloso recorrido de sabores y gastronomía!».
—MICHELLE BERNSTEIN

«Aunque hemos crecido comiendo comida sureña, las recetas frescas y sabrosas de Lorena son perfectas para animar una cocina con el verdadero estilo latino».
—JAMIE Y BOBBY DEAN

«Lorena toma lo mejor de la cocina tradicional latina y de los nuevos platos de fusión y los pone al alcance de todo aquellos a quienes les encanta comer comida sorprendente, como a mí. Su cocina es perfecta para una comida con grandes amigos: sencilla, alegre y reminiscente de las visitas a la cocina de la abuela».
—SOLEDAD O'BRIEN

NUEVOS
CLÁSICOS
LATINOS

Ideas frescas para platos favoritos

NUEVOS CLÁSICOS LATINOS

Lorena García

con **Raquel Pelzel**

A CELEBRA BOOK

celebra

Celebra

Publicado por Penguin Group

Penguin Group (USA) LLC, 375 Hudson Street,
New York, New York 10014

Estados Unidos | Canadá | Reino Unido | Irlanda | Australia | Nueva Zelanda |
India | Sudáfrica | China

penguin.com

Una compañía de Penguin Random House

Publicado por Celebra, una división de Penguin Group (USA) LLC.
Publicado anteriormente por Ballantine Books.

Primera edición de Celebra: abril de 2015

ISBN DE LA EDICIÓN EN RÚSTICA DE CELEBRA: 978-0-451-47679-1

Impreso en China

1   3   5   7   9   10   8   6   4   2

NOTA DEL EDITOR

Las recetas de este libro deben ser preparadas tal como están escritas. El
editor no se hace responsable de problemas alergénicos o de salud que usted
pueda tener y que puedan requerir de supervisión médica. El editor no es
responsable de ninguna reacción adversa a las recetas contenidas en este libro.

Dedico este libro a mi madre, quien me dio la fuerza y la visión para observar la vida de la mejor manera posible, y quien hizo posible que yo sea quien soy ahora. También lo dedico a todos los latinoamericanos que han venido a este país, que se han enamorado de él y que se sienten orgullosos de ser llamados estadounidenses.

ÍNDICE

INTRODUCCIÓN

· · · · · · · · · · ·

El amor se da en la cocina. Está en la reconfortante sopa de pollo que hace para un amigo que está indispuesto. Está en la pasta Alfredo escandalosamente cremosa que cocina para una noche de amigas. Está en los tacos de pescado a la parrilla que prepara para sus amigos durante un *picnic* en la playa y en la torta de cumpleaños que hace a partir de cero para un niño.

Para mí, cocinar es la máxima expresión del amor. A través de un plato sencillo pero sabroso, me conecto con amigos y familiares para mostrarles lo mucho que me importan. El gesto de cocinar y dar mi tiempo para ayudar a nutrir a alguien es muy conmovedor y personal. La comida no tiene que ser cara o extravagante: hay una razón por la cual las recetas caseras como las albóndigas, la pasta, el pollo con arroz y el guacamole son alimentos reconfortantes. No importa cuál sea el origen de su familia o en qué lugar del mundo viva, regalar una comida preparada en casa siempre es recibido con aprecio y gratitud.

Sin embargo, cuando quiero compartir una comida reconfortante la hago a mi manera, y lo que hace que mi versión de estas tradicionales comidas caseras estadounidenses sea diferente es el toque latino, la vuelta de tuerca de sabores intensos y frescos que les doy. Me crié en Caracas, Venezuela, y muy pronto aprendí que el alma de la comida latina es el sabor. Es la fuerza del cilantro, la potencia del ácido de los cítricos recién exprimidos y el golpe de picante de un jalapeño.

Las más de cien recetas en este libro de cocina elevarán los platos cotidianos a un nuevo nivel de sabor, porque la cocina latina consiste en construir niveles de sabor —la profundidad de un sofrito de cebolla, zanahoria y pimentones; la riqueza de un caldo de pollo hecho en casa; la intensidad del queso fresco—. Los sabores se desarrollan a medida que se da cada mordisco: frescos, fuertes, concentrados, atrevidos. Esta dinámica es lo que hace que la comida latina sea tan deliciosamente irresistible.

Mi aproximación a la cocina latina moderna consiste en llevar una gran variedad de influencias de todas partes del mundo a los alimentos que amamos. La comida latina es arroz con pollo, arepas, tortillas, empanadas, ceviche y tacos (¡por supuesto!), pero también fideos soba con jengibre y soya, y lomo de cerdo relleno con manzanas y nueces con una salsa de mango y vainilla. Así como la comida estadounidense es más que hamburguesas y pastel de manzana, la comida latina moderna es más que sólo tacos y guacamole.

La cocina latina es un crisol de culturas, y nuestra cara es la de muchas naciones y tierras. Nuestra comida expresa esas hermosas influencias —de China y Japón, de Italia, Alemania y África y de la cocina indígena que se remonta a los imperios azteca e inca—, pero siempre con un toque latino inconfundible. Así que si están esperando tan sólo tacos y empanadas en este libro de cocina, se encontrarán con una sorpresa deliciosa.

Cuando era niña, tuve la suerte de obtener lo mejor de ambos mundos: la cocina latina tradicional y el gusto por la cocina internacional. Mi madre tenía un trabajo de tiempo completo, y aunque le encantaba (¡realmente!) comer, no tenía mucho tiempo para cocinar. Entonces, yo comía la comida que preparaba mi niñera Leo. Ella hacía todos los reconfortantes y conocidos platos latinos: pollo asado, sopas y guisos, arepas de maíz recién hechas y fideos, la pasta tan común en toda América Latina.

Mi mamá viajaba mucho al extranjero por razones de trabajo y muchas veces me llevaba con ella. Cuando yo era adolescente, tuve la oportunidad única de visitar los países de los que habían venido muchos de los inmigrantes de Suramérica, entre ellos Italia, Alemania y Japón, y de degustar la comida que la gente de esos países llevó a Venezuela. Me aficioné a los sabores exóticos y, cuando regresaba a casa, me gustaba invitar a todos mis amigos para prepararles comidas basadas en la gran cantidad de sabores diferentes que había encontrado: tal vez ravioli con cuatro quesos y salsa de crema o quizá un salteado en wok con carne marinada y muchos vegetales. ¡Incluso antes de saber que lo mío era la comida, ya lo era!

Aunque siempre me ha gustado entretener a mis amigos y familiares cocinando para ellos, la idea de ser chef profesional nunca me cruzó por la mente: aún no había escuelas culinarias en Venezuela. Así que seguí los pasos de mi familia y estudié Leyes mientras organizaba cenas y fiestas en mi casa. Seguí cocinando, viajando, experimentando e inspirándome. No pasó mucho tiempo antes de que combinara con éxito mis dos mundos, aplicando las bases de la buena cocina latina —por ejemplo, realzando el sabor de un plato usando una salsa— a recetas provenientes de todo el mundo.

Poco después de graduarme de la escuela de Leyes en el año 2000, mi familia y yo nos mudamos a Miami. Seguí cocinando y agasajando constantemente, preparando siempre comida sencilla y sabrosa, dejando que los ingredientes hablaran por sí solos. Pronto se hizo evidente que yo estaba mucho más apasionada por la comida que por las leyes, y no pasó mucho tiempo antes de que un viejo amigo de la familia me sugiriera que estudiara en una escuela culinaria. Un año después allí estaba yo, a punto de graduarme de la Universidad Johnson & Wales y lo único que me faltaba era completar mi pasantía.

Durante mi último mes en la pasantía estaba friendo un pescado y el aceite me salpicó en la cara, escaldando mi piel tan severamente que permanecí varias semanas en el hospital recuperándome de las quemaduras. Aunque me sentí traumatizada emocional y físicamente, me di cuenta de que no podía dejar que eso me impidiera convertirme en chef y acepté mi accidente como si fuera parte de mi experiencia educativa. Después de ser dada de alta, me fui de viaje en una gira por las mejores cocinas de varios continentes y cociné junto a algunos de los mejores chefs de Europa y Asia. A través de esa experiencia definí mi estilo de cocina moderna latina con un toque mundial, y pronto comencé a pensar en abrir mi propio restaurante. Luego de una gran búsqueda espiritual, regresé a Estados Unidos y logré mis sueños de ser chef de mi propia cocina.

Para 2004 había abierto dos exitosos restaurantes en Miami: Food Café y Elements; presentaba un programa de televisión en Telemundo y otro en Univision: *Despierta América*; había abierto Lorena García Cocina, mi restaurante en el aeropuerto, y lanzado Big Chef, Little Chef, una iniciativa que enseña a las familias cómo comer sanamente con el objetivo de reducir la obesidad infantil. Había participado también en *Latino in America*, la aclamada serie de CNN que me expuso a una audiencia estadounidense aún más amplia. Todo esto me condujo a un emocionante programa de televisión de NBC, *America's Next Great Restaurant*, y a mi primer libro de cocina, un proyecto muy esperado y pensado ¡del que estoy muy orgullosa!

He aprendido mucho a través de mis experiencias como chef, de mis viajes, de mis encuentros diarios con cocineros y cocineras hogareños y de los retos de la vida real. Me inspiré en estas experiencias cuando estaba escribiendo este libro de cocina. Por ejemplo, a medida que avancen a través de sus recetas, notarán una serie de elementos recurrentes que se enumeran a lo largo de las listas de ingredientes. Una de mis metas principales era no darle a la gente una enorme lista de compras y una despensa llena de ingredientes que no utilizarían de nuevo. Como soy sensata y económica, decidí optar por un denominador común de ingredientes que permitiera a cocineros y cocineras intentar casi cualquier receta de este libro (la mayor parte de los ingredientes, por cierto, está ampliamente disponible en su tienda de comestibles local; consulte las páginas xvii–xxiv para encontrar estos artículos de despensa). Al cocinar siguiendo los conceptos básicos de sofritos, caldos y salsitas —para nombrar algunos—, podrán dar un toque latino instantáneo a casi cualquier plato, desde el pastel de carne a la salsa marinara.

Al igual que mi cocina, la organización de este libro es poco tradicional. En lugar de estar dividido en categorías como sopas y platos de acompañamiento, la organización se basa en cómo decido qué cocinar para una comida. Rara vez me siento en casa y me digo: «tengo que hacer un plato de pollo». No, realmente pienso: «Mis sobrinos vendrán esta noche a cenar. Su apetito es enorme y, sin duda, traerán a un grupo de amigos. ¿Qué querrán comer?» y recurro entonces a las recetas de «Cocina casera: Los platos favoritos» en busca de inspiración. O digo: «¡Me estoy muriendo de hambre! Tengo que hacer algo delicioso y rápido». Entonces me dirijo a «30 minutos: Comida deliciosa sobre la marcha». O: «Hace tanto calor que no puedo soportar la idea de prender el horno. ¿Qué puedo cocinar que no requiera mucha preparación?». Lo encontrarán en «¡Afuera! Saque la mesa de su cocina», todo un capítulo dedicado a platos que requieren poco esfuerzo, sin estufas ni hornos. Cocinar según la ocasión y las circunstancias es una gran manera de abrirse a nuevas ideas, y creo que ustedes se encontrarán probando nuevos platos que se adaptan a todas las circunstancias. Además, para facilitar su uso, cada capítulo incluye entradas, seguidas de platos principales y acompañamientos. Los postres tienen un capítulo aparte. Sólo en caso de que lo necesiten, también encontrarán un índice en la parte posterior del libro, que enumera cada receta por su categoría tradicional. Por último, *Nuevos clásicos latinos* ofrece consejos para surtir una despensa o alacena, además de recetas básicas que los platos de este libro utilizan como base en materia de sabor.

Permitir influencias latinas en la comida que ustedes ya conocen y de la que tanto gustan, ofrecerá todo un nuevo mundo de posibilidades para su cocina. Desde los clásicos platos latinos modernizados a los platillos favoritos de la cocina casera estadounidense presentados con un toque latino, espero que disfruten cocinando a través de este viaje culinario mundial, tanto como yo lo hice al crearlo.

Lorena García

INDISPENSABLE

Lo que sigue es un desglose de ingredientes selectos, muchos de los cuales podrán ser encontrados en su supermercado local, y que deben tratar de tener a la mano en su despensa para preparar las recetas de este libro. No incluí ingredientes de todos los días como la canela, el vinagre balsámico, la sal, los huevos y la mantequilla (considero que el refrigerador y el congelador son parte de la despensa). Sin embargo, sí incluí ingredientes que tal vez ustedes no tengan, como la miel de agave y el queso fresco, así como descripciones de lo que son. Y no se preocupen pensando que deberán comprar una botella de vinagre de champaña para usarla en una sola receta del libro.

DESPENSA «SECA»

ACEITE DE AJONJOLÍ: Hay dos variedades de aceite de ajonjolí: el claro y el oscuro (a veces llamado tostado). El aceite de ajonjolí claro es suave y el aceite de ajonjolí oscuro es de sabor más fuerte y se utiliza más como un aceite de acabado.

ACEITE DE TRUFAS: Unas gotas añaden sofisticación instantánea a un plato de pasta, a la mantequilla saborizada o a un risotto. Úselo en el Ceviche de mango, pargo y trufas (página 39), en el

Salmón a las trufas sobre plátanos asados (página 77) y en el Risotto de hongos silvestres y carne preparado con antelación (página 89).

ADOBO CARIBEÑO JERK: Este es uno de mis condimentos premezclados favoritos. Funciona muy bien con el pollo a la parrilla (vea la página 113) y con las costillas a la barbacoa (vea la página 119).

ALCAPARRAS: Botones de las flores de un arbusto mediterráneo, las alcaparras son salobres y amargas. Se utilizan mucho en la cocina suramericana y vienen envasadas en líquido o sal. Enjuáguelas siempre con agua fría antes de usarlas. Son deliciosas en la salsa de chimichurri semidulce (vea la página 123) y añaden un sabor decisivo a la salsa piccata (vea la página 151).

ARRURRUZ: El polvo fino y blanco de un tubérculo, el arrurruz espesa a temperaturas más bajas que la maicena, no es afectado adversamente por el ácido, es decir, por las salsas, sobre todo las cítricas, y conserva su sabor fuerte y fresco. Es muy bueno para espesar una salsa caliente o fría. Simplemente disuelva un poco en agua fría y agregue a la salsa: espesará de inmediato una vez que lo añada y al instante sabrá si necesita más. Yo lo uso en las Albóndigas de pollo con salsa piccata de limón amarillo (página 151).

CEREALES: El arroz se sirve de muchas maneras en la cocina suramericana: con huevos fritos, para acompañar una sopa, como una ensalada o refrito. De todos los cereales, el arroz jazmín es mi favorito absoluto para preparar un sencillo arroz al vapor, aunque mantengo diferentes tipos de arroz en mi despensa, incluyendo arborio —para el risotto—, arroz integral y arroz blanco de grano largo.

CORAZONES DE PALMITOS: Son preferibles si están frescos, pero en conserva funcionan en caso de apuro. Con una textura y sabor similar a los de corazones de alcachofa marinados, los corazones de palmitos en conserva —la parte medular y suave de una palma—, son una adición exótica a ensaladas y platos fríos con ingredientes tropicales, como los Martinis tropicales de camarón con ajonjolí (página 107).

CREMA BALSÁMICA: Me ahorro la tarea de tener que reducir el vinagre balsámico y en su lugar compro crema balsámica (*crema di balsamico*) en el supermercado. Es más espesa y tiene un sabor más acaramelado y sutil que el del vinagre balsámico. Viértala en un frasco y úsela para decorar un plato antes de servir el Sashimi de atún, ajonjolí y balsámico con mayonesa de wasabi y hojas verdes tipo *baby* (página 69).

DULCE DE LECHE: Cuando la leche y el azúcar se cocinan a fuego lento por un largo tiempo en una cacerola, el resultado es esta salsa mágica. Espeso y delicioso, en algún lugar entre el caramelo y el dulce de mantequilla y azúcar (*butterscotch*), el dulce de leche es delicioso solo, vertido sobre helados o usado para hacer el Arroz pegajoso con dulce de leche (página 182) o el Mango quatro leches (página 189).

FRIJOLES: Los frijoles negros son un alimento básico de la despensa latina. Puede encontrarlos en una variedad de recetas en este libro, entre las que se encuentran la Sopa de frijoles negros con tocino sofrito (página 42), los Frijoles negros y hummus al jalapeño con llovizna de hierbas frescas (página 6) y Los mejores frijoles negros (página 205). Me gusta utilizar frijoles negros secos, pero puede reemplazarlos por frijoles negros enlatados si no tiene tiempo. Una taza de frijoles secos rinde alrededor de $2^1/_2$ tazas de frijoles cocinados y enlatados (recuerde enjuagar con agua fría los frijoles enlatados antes de usarlos).

FRUTOS SECOS: Los arándanos, las uvas pasas, las grosellas y otros frutos secos agregan un dulzor agradable; trate de añadirlos a las carnes estofadas o usarlos para darle textura a una ensalada como la Ensalada de quinua, higos y pimentones dulces (página 144). Junto con una pizca saludable de hierbas frescas picadas, los frutos secos dan vida al instante a un tazón de Arroz blanco básico (página 204).

GRANOS DE PIMIENTA ROSADA: Estos pequeños granos de pimienta no son realmente granos de pimienta, sino las bayas secas del Baies, una planta nativa de Suramérica. Son afrutados y ligeramente picantes, y son fantásticos con carnes dulces como el cerdo o en la vinagreta para el Carpaccio de pepino (página 110).

LECHE CONDENSADA: La leche condensada da una dulzura y consistencia a los postres que es exclusivamente latina y muy deliciosa. Esta combinación enlatada y premezclada de leche cocinada con azúcar da gran cuerpo y un ligero sabor a caramelo al Flan de Maruja (página 184), a la Salsa de bayas frescas y chocolate dorado (ver página 176) y a las Tazas de biscotti y cappuccino (página 174).

LECHE DE COCO: ¿Leche de coco en un libro de cocina latina? En Suramérica hay una gran población inmigrante caribeña y asiática, así que por supuesto, cocino mucho con leche de coco. Me gusta la forma en que añade cuerpo y un toque de dulzura a las sopas y caldos, como a la Sopa de calabaza *butternut*, coco y limonaria (página 67) y a las Almejas y mejillones en caldo de limonaria (página 9). Use leche de coco baja en grasa si está disponible; le añade el mismo sabor, pero menos grasa (¡ganará mucho con muy poco!).

MASAREPA: Esta harina es indispensable para hacer arepas caseras. Debido a que la masarepa no es tratada con cal (nixtamal), tiene un sabor más sutil que la masa utilizada para hacer tortillas. Harina P.A.N., Areparina y Doña Arepa son buenas marcas. También puede utilizar Masa Harina o Maseca, masas utilizadas para hacer tortillas, pero no darán lugar a una arepa tradicional.

MIEL DE AGAVE: Este edulcorante líquido con sabor neutro se extrae de las hojas puntiagudas de la planta de agave (el tequila se obtiene del agave fermentado). Es 40 por ciento más dulce que el azúcar, por lo que puede utilizar una menor cantidad en las recetas que requieren azúcar; también es completamente vegano, con un bajo índice glucémico (es bueno para aquellos que cuidan su consumo de carbohidratos, incluyendo los diabéticos) y tiene un sabor muy neutro. Me gusta usar la miel de agave en salsas dulces para carnes, como en la salsa de mango y vainilla para el Lomo de cerdo relleno con manzanas caramelizadas y nueces y (página 83), y en vinagretas (vea las páginas 74–75).

MIGAS DE PAN PANKO: Estas migas de pan con textura se fríen y tienen una consistencia crujiente y liviana (semejante a la tempura). Las utilizo en la Lubina a la parrilla con costra de pistachos y vinagreta tropical de maracuyá (página 81) y en las Tortas tropicales de cangrejo (página 61).

NUECES: Las almendras, los pistachos y las nueces añaden textura, sabor y proteínas a las ensaladas, los platos con arroz y a las mantequillas de frutos secos. Si las compra en grandes cantidades, guárdelas en el congelador para mantenerlas frescas por un máximo de seis meses.

PASTAS Y FIDEOS: Mantenga a la mano pastas de formas diferentes (ditali, farfalle, linguine, orecchiette, rigatoni) y de diferentes variedades, como los fideos elaborados con soba (harina de trigo sarraceno) y la pasta de trigo integral.

PLÁTANOS: Los plátanos verdes se suelen preparar en tajadas, fritos, asados o en puré, y tienen una textura almidonada y un sabor semejante a una mezcla de bananas sin azúcar con papas. Los plátanos negros y maduros son dulces, pegajosos y deliciosos fritos, y se sirven con nata (crema agria). Son perfectos para hornear (vea la página 206) o en una sopa (vea la página 63).

SALSA DE CHILE ASIÁTICA: Me gusta agregar salsa picante y semiespesa estilo asiático (como la salsa de chile Sriracha tailandesa) a mi salsa de mango de barbacoa para las Costillitas con mango a la barbacoa (página 119) y al Cerdo salteado en wok con berenjenas picantes (página 21). Preparada con chiles secos picantes y ajo, es más espesa y tiene un sabor más redondo en comparación con las salsas picantes y avinagradas de estilo latino y caribeño, y no es demasiado picante.

SALSA DE PESCADO: Utilizada en toda Asia para preparar salsas, salteados en wok y como una salsa *dip*, la salsa de pescado añade el sabor entre dulce y salado del umami —similar al miso o a la salsa de soya— a la comida. Se elabora con pescado y/o mariscos fermentados, agua y sal, y a veces también con hierbas y especias. Es deliciosa en el Cerdo salteado en wok con berenjenas picantes (página 21) y en la Ensalada de soba y ajonjolí con vegetales crujientes y hierbas (página 13).

SALSA DE SOYA: ¡Es indispensable en las cocinas de América Latina! La salsa de soya aporta un sabroso tono subyacente a adobos y salsas como el glaseado para el Pollo con pasión (página 158) y el Lomo saltado con papayas a la parrilla (página 25).

SALSA HOISIN: Dulce, agria, salada, semiespesa y pastosa, la salsa hoisin china se usa en adobos (como el de las Alitas de pollo con jengibre especiado y naranjas glaseadas de la página 135) para darles una capa adicional de sabor fermentado y untuoso a ajo y soya.

SALSA INGLESA: En inglés se conoce como *Worcestershire Sauce*. Se utiliza mucho en América Latina ya que da mucha profundidad a salsas y adobos, como el de las Costillitas en salsa de laurel y grosellas (vea la página 85). Elaborada con una excéntrica combinación de ajo, salsa de soya, anchoas, tamarindo, limón y muchas otras adiciones, es un ingrediente imprescindible.

VAINAS DE VAINILLA: Los granos de vainilla son las semillas de las vainas de una orquídea y aportan una calidad floral a los postres y salsas tropicales. Se venden en vaina, por lo general en un frasquito de vidrio que las mantiene húmedas, de modo que pueda abrirlo y raspar las semillas. Además de usarlas en los Higos caramelizados con vainilla y queso de cabra con papayas a la parrilla (página 173), las Tazas cremosas de durazno con duraznos *brûlée* (página 179) y en el Puré de papas con vainilla (página 87), me gusta mantener una vaina en mi tarro de azúcar para infundirle una encantadora esencia de vainilla.

VINAGRE DE ARROZ: Es un vinagre sutil, semidulce y de sabor suave, hecho a base de arroz y utilizado en la cocina asiática. Lo encontrará en la mayonesa de wasabi para el Sashimi de atún, ajonjolí y balsámico (página 69) y en el Lomo saltado con papayas a la parrilla (página 25).

VINAGRE DE CHAMPAÑA: Este noble vinagre es elaborado con las mismas uvas utilizadas para hacer las variedades de champaña: pinot noir y chardonnay. El vinagre fermentado tiene un sabor suave y a vainilla que me encanta usar en la Vinagreta tropical de maracuyá (página 75) y en el Pollo con pasión (página 158).

VINO: Al igual que el Caldo de pollo (página 211) o el Sofrito básico (página 202), el vino da sabor rápidamente. Para cocinar, normalmente elijo un pinot grigio seco y acitronado, un merlot robusto y afrutado o un cabernet sauvignon suave cuando necesito vino tinto. Recuerde que debe cocinar sólo con un vino que sea lo suficientemente bueno para beber.

VINO DE ARROZ (MIRIN): Elaborado con arroz fermentado, el vino de arroz es una adición exótica a las salsas y vinagretas, como la ensalada de fideos soba (página 13).

YUCA: Los latinos usamos la yuca como los estadounidenses usan las papas. La freímos, la hacemos al vapor, en puré, ¡de todas las formas! Es mejor si está fresca; si en el pasillo de alimentos congelados del supermercado ves yuca pelada y parcialmente cocinada, cómprala, pues te ahorrará tiempo. Este tubérculo, al que también se lo conoce con el nombre de casabe y mandioca, tiene una piel dura color marrón semejante a una corteza, que se debe pelar antes de freír o hervir (vea la página 53). Tiene un sabor suave a nuez y una textura almidonada similar a la de una papa rojiza al horno.

DESPENSA «FRÍA»

ACEITUNAS: Las aceitunas negras y las verdes son un alimento básico de la cocina suramericana y deben guardarse en el refrigerador para preparar ensaladas y picadillos o para picar entre comidas. Las aceitunas verdes castelvetrano de Sicilia y las suaves aceitunas Gaeta son dos de mis favoritas.

AJÍ DULCE: Dulce y ligeramente picante, este chile tiene aproximadamente el tamaño de un habanero y es a menudo de color naranja amarillento o rojo (un pimentón fresco) y es un componente importante de un Sofrito básico (página 202) equilibrado. Si no lo encuentra, utilice en su lugar un jalapeño desvenado y sin semillas.

CILANTRO: Esta hierba radiante tiene un sabor limpio y fuerte. Si usted tiene aversión a esta planta, puede utilizar perejil para obtener un sabor más suave.

CÍTRICOS: Limones amarillos, limones, naranjas, naranjas rojas. Mantenga siempre un poco de cada uno de estos cítricos en el refrigerador para hacer vinagretas, salsas y salsitas.

JALAPEÑOS: El caballo de batalla en materia de chiles de la cocina latina, un jalapeño puede ser suave, ligeramente picante ¡o muy picante! Para disminuir su picor, córtelo a lo largo y retire las semillas y las venas del interior. Para darles un agradable sabor ahumado, cocine los jalapeños en un horno a 375°F durante 30 minutos. Cuando tengan un color negro, retire del horno, deje enfriar y luego retire la piel, que es semejante al papel. Coloque en un recipiente poco profundo, cubra con aceite de oliva y utilice dentro de cuatro días (use el increíble aceite con jalapeño asado en lugar del aceite de oliva siempre que quiera potenciar una vinagreta para una ensalada o para esparcir sobre los frijoles y vegetales a la parrilla o salteados).

JENGIBRE FRESCO: Esta raíz le da un toque audaz a salsas, ensaladas y caldos de inspiración asiática, y también a postres. Tiene un aspecto nudoso y está cubierto con una piel tan fina como el papel, y se debe pelar antes de rallarlo o picarlo. También puede pelar el jengibre y congelarlo para usarlo después. Es un ingrediente clave en las Alitas de pollo con jengibre especiado y naranjas glaseadas (página 135) y en la Sopa de zanahoria y jengibre (página 8).

JÍCAMA: Tan crujiente como una manzana y con un sabor entre manzana, pera y papa roja, la jícama es un tubérculo versátil que me encanta añadir a ensaladas y salsitas (vea la página 195). No se oscurece después de cortarla, por lo que es una buena adición para ensaladas como la Ensalada de camarones fríos y maíz peruano (página 70) y puede usarla en lugar de manzanas.

JUGOS DE FRUTAS TROPICALES: Mantenga una jarra con jugo de mango, maracuyá o de papaya en el refrigerador. Son perfectos para hacer batidos, vinagretas, salsas o postres.

PAPAYA: Originaria de las Américas, esta fruta tropical y agridulce tiene un sabor a melón de miel y un increíble color rosado-anaranjado. Busque papayas que cedan a una ligera presión o, si están duras, déjelas a temperatura ambiente durante unos días para que maduren. Córtela a lo largo, retire las semillas negras y deséchelas antes de picar la papaya y comerla.

QUESO BLANCO: Un queso blanco y firme es bueno para rallar sobre frijoles negros o tacos. En muchas partes de Suramérica, el queso blanco y el queso fresco (vea más adelante) se utilizan indistintamente, pero en Venezuela el queso blanco tiene una textura quebradiza y un sabor similar a un queso feta muy suave o a la ricotta salata, mientras que el queso fresco es más parecido al mozzarella en textura y sabor.

QUESO DE CABRA: Tenga a la mano un poco de este queso fuerte para cuando desee hacer una ensalada, como la de las Empanaditas de espinaca y queso de cabra (página 33) o incluso para dar un equilibrio salado a postres como los Higos caramelizados con vainilla y queso de cabra con papayas a la parrilla (página 173).

QUESO FRESCO: Es un queso medianamente firme y que se puede rebanar, tiene un sabor ligeramente salado y amargo y una textura semejante a la del mozzarella. Aunque se ablanda cuando se calienta, no se suele derretir. Es excelente en rodajas y para acompañar arepas calientes.

QUESO MASCARPONE: Cremoso y decadente, el mascarpone es un queso italiano que suele venir en barras pequeñas. Es grueso, similar a la crema grumosa, con una suavidad mantecosa y un sabor dulce y cremoso. Me encanta encima de las Telitas (página 131), mezclado con o en lugar del queso ricotta en la Pasta de prosciutto y cilantro con ricotta para untar en pan (página 133) y en las Tazas de biscotti y cappuccino (página 174).

QUESO PARMESANO-REGGIANO: El rey de los quesos italianos, este queso se elabora en todo el fértil valle del Po de la Emilia-Romagna en Italia. Tiene una textura dura y granulada, con un sabor profundo, tostado y acaramelado. Cómprelo rallado o en bloque y rállelo fresco sobre pastas, risottos, ensaladas y vegetales a la plancha o al vapor.

NUEVOS
CLÁSICOS
LATINOS

30 MINUTOS: COMIDA DELICIOSA SOBRE LA MARCHA

En un mundo perfecto, todos pasaríamos tiempo en la cocina cocinando despacio y a fuego bajo, dejando que las salsas adquirieran lentamente su sabor en la estufa mientras que un asado se ablanda durante horas en el horno. Sin embargo, mi realidad es probablemente muy similar a la suya ¡y me considero afortunada de poder reservar incluso treinta minutos a la cocina para preparar una comida antes de desplomarme en el sofá!

Es por eso que decidí dedicar todo un capítulo a la preparación de comidas rápidas. Creé las recetas en este capítulo para que funcionen con mi estilo de vida y con mis gustos. Todas ellas le permitirán obtener sabores maravillosamente frescos y robustos en un tiempo rápido: en menos de treinta minutos, para ser exacta.

Ya sea que esté al final de un largo día o atendiendo a una visita inesperada, cuando se trata de comida sobre la marcha, por lo general no tengo un plan. Recurro a las ensaladas, sopas, platos rápidos de mariscos, pastas y salteados en wok, utilizando ingredientes que tengo en mi refrigerador y despensa (vea los ingredientes indispensables de la despensa en las páginas xvii–xxiv). Esto no quiere decir que no haya recetas rápidas en otros capítulos, sino que estas son diferentes porque son mis favoritas de todos los días, la comida que preparo cuando necesito algo reconfortante, satisfactorio y rápido.

TIRADITO DE ATÚN CON VINAGRETA DE NARANJA ROJA

Para 6 personas

- ¼ de taza de Vinagreta de naranja roja (página 75)
- 1 filete de atún para sushi de 8 onzas, cortado en rodajas de ⅛ de pulgada de grosor, en sentido transversal
- 2 jalapeños, partidos a la mitad, desvenados, sin semillas y cortados en rodajas finas
- 2 cucharadas de Pimentones rojos confitados(página 201), finamente picados
- 1 cucharadita de sal marina gruesa

El tiradito es la respuesta del Perú al sashimi y al pescado crudo. Es similar al ceviche, excepto que el pescado se corta más delgado y, en lugar de un adobo, se sirve en un plato rociado con una salsa estilo vinagreta. Normalmente no lleva cebolla (la cual se incluye con frecuencia en los ceviches) y me gusta añadir chalotes picados a la vinagreta para más intensidad. El granate de la naranja roja combinado con el rojo oscuro del atún es absolutamente hermoso.

Divida la vinagreta en seis platos. Coloque unas pocas lascas de atún en cada plato, superponiéndolas ligeramente una sobre la otra. Coloque una tira de jalapeño en cada lasca de atún y luego agregue un poco de los pimentones confitados. Espolvoree cada rebanada de atún con un poco de sal y sirva de inmediato.

VARIACIÓN: *Tiradito de salmón silvestre*

Sustituya el atún por salmón silvestre fresco para una ligera variación. Si no encuentra naranjas rojas, prepare el tiradito con la Vinagreta fuerte de cítricos de la página 74.

FRIJOLES NEGROS *y* HUMMUS AL JALAPEÑO *con* LLOVIZNA DE HIERBAS FRESCAS

Para 1¹/₂ tazas

- 1¹/₄ tazas de frijoles negros cocinados
- 2 cucharadas de pasta de tahini de ajonjolí
- 1 jalapeño, partido a la mitad, sin semillas y finamente picado
- ¹/₂ tomate pequeño, sin semillas y finamente picado
- 1 diente de ajo grande, partido a la mitad
- 1¹/₂ cucharadas de jugo de limón amarillo fresco
- 1¹/₂ cucharaditas de pimentón dulce
- 1¹/₂ cucharaditas de comino en polvo
- 1 pizca de sal kosher
- ¹/₃ de taza de aceite de oliva extra virgen
- 2 cucharadas de Llovizna de hierbas (página 200)

  Rebanadas de telitas con queso (página 131), pan pita o vegetales crudos (como los palitos de zanahoria y pepino, los ramilletes de coliflor y los tomates uva), para servir

Los frijoles negros son uno de los ingredientes básicos de Suramérica por ser muy versátiles, saludables y asequibles. En esta receta, el sabor del hummus se ve potenciado por los jalapeños, y los garbanzos tradicionales son reemplazados con frijoles negros. El hummus tiene un color profundo y rico, una textura maravillosamente cremosa y un sabor vivo gracias a las hierbas frescas. Pruébelo con telitas tiernas, en un sándwich en lugar de mayonesa o con vegetales crudos. Si utiliza frijoles enlatados en vez de cocinados en casa (vea la página 205), asegúrese de enjuagarlos con agua fría para eliminar gran parte del sodio.

Para hacer el hummus, coloque los frijoles negros, la pasta de ajonjolí, el jalapeño, el tomate, el ajo, el jugo de limón amarillo, el pimentón, el comino y la sal en el tazón de un procesador de alimentos y pulse hasta mezclar bien, utilizando una espátula de caucho para raspar los lados del tazón si es necesario. Agregue lentamente el aceite de oliva sin apagar el procesador, y procese hasta que la mezcla esté completamente suave y bien combinada. Sirva el hummus en un plato mediano y use el respaldo de una cuchara para nivelarlo; haga un pequeño agujero en el centro. Vierta 1 cucharada de Llovizna de hierbas en el centro y rocíe la cucharada restante encima. Sirva con telitas, pan pita o vegetales crudos.

SOPA DE ZANAHORIA Y JENGIBRE

Para 4 personas

12 tazas de Caldo de pollo (página 211) o de caldo de pollo comprado

6 cucharadas de mantequilla sin sal

1 cebolla amarilla pequeña, cortada en trozos grandes

8 zanahorias, peladas y cortadas en trozos grandes

1 pedazo de jengibre fresco de 1 pulgada, pelado y rallado

1/3 de taza de harina para todo uso

1 1/3 tazas de arroz blanco de grano largo cocinado (vea la nota)

1 cucharada de sal kosher

1 1/2 cucharaditas de pimienta negra recién molida

1/4 de taza de crema espesa

El secreto de esta sopa super elegante y cremosa es mezclar, mezclar y mezclar, lo que da como resultado una sopa espesa, voluminosa y sedosa.

1. Vierta el caldo en una olla grande, hierva a fuego alto y luego reduzca el fuego a bajo.

2. Derrita la mantequilla a fuego medio en otra olla grande. Agregue la cebolla y cocine por alrededor de 3 minutos hasta que esté suave y brillante. Añada las zanahorias y el jengibre y cocine por alrededor de 3 minutos revolviendo con frecuencia, hasta que las zanahorias comiencen a oscurecerse. Agregue la harina y cocine durante alrededor de 3 minutos sin dejar de revolver (para que la harina no se queme). Vierta un poco del caldo caliente de tanto en tanto, revolviendo entre cada adición, hasta lograr una consistencia suelta, semejante a la de una salsa, y luego añada el resto del caldo y hierva la sopa.

3. Añada el arroz, la sal y la pimienta a la sopa y cocine de 2 a 3 minutos hasta que el arroz esté caliente. Apague el fuego y deje reposar la sopa de 5 a 10 minutos, revolviendo de vez en cuando para liberar el calor, antes de verter la tercera parte en un vaso de licuadora. Cubra y pulse varias veces para liberar el vapor, y luego licue la mezcla hasta que esté completamente suave. Pase la sopa por un colador de malla fina (o por un colador grande con estopilla) a una olla grande y limpia, utilizando una espátula de caucho para drenar el líquido. Repita con la sopa restante.

4. Agregue la crema y cocine durante 2 minutos. Apague el fuego y sirva.

NOTA: Si no tiene sobras de arroz en el refrigerador, agregue 2/3 de taza de arroz de grano largo y crudo a la sopa después de añadir el caldo de pollo y de hervir. Cocine hasta que esté completamente suave (de 20 a 30 minutos) antes de enfriarla y licuarla.

ALMEJAS *y* MEJILLONES *en* CALDO DE LIMONARIA

Para 4 personas

- 1 tallo de limonaria, sin las puntas
- 1 taza de sake seco
- 1/2 taza de leche de coco baja en grasa
- 2 cucharadas de jugo de almejas embotellado
- 2 zanahorias, picadas en trozos grandes
- 2 dientes de ajo, picados en trozos grandes
- 1 jalapeño, partido a la mitad, sin semillas, desvenado y picado en trozos grandes
- 1 cucharadita de sal kosher
- 2 docenas de almejas, cepilladas y limpias
- 2 docenas de mejillones, cepillados y limpios

Este platillo es muy versátil y liviano, por lo que es una excelente opción para empezar una comida. Las almejas y los mejillones suelen ser algunos de los mariscos más asequibles, por lo que este plato también es económico. El sake, la leche de coco y la limonaria dan al caldo un sabor muy liviano, delicado y distintivo. Para preparar una comida más sustanciosa, sirva el caldo con pan de corteza dura a la parrilla.

1. Coloque la limonaria en una tabla de cortar y rebane por la mitad transversalmente, y luego corte cada mitad a lo largo. Ponga los cuartos de limonaria con la parte cortada hacia abajo y utilice el respaldo de un cuchillo de chef para machacarlos en varias partes (esto libera su sabor a limón). Deje a un lado.

2. Coloque el sake, la leche de coco, el jugo de almejas, las zanahorias, el ajo, el jalapeño y la sal en un vaso de licuadora y licue hasta que todo esté completamente suave. Vierta la salsa en una olla grande y agregue los pedazos de limonaria, las almejas y los mejillones. Cubra la olla y hierva a fuego medio-alto. Cocine de 6 a 7 minutos hasta que las almejas y los mejillones se abran. Apague el fuego, destape la olla y deseche los pedazos de limonaria así como las almejas y mejillones que no se hayan abierto. Divida las almejas y mejillones en cuatro tazones, cubra con caldo de limonaria y sirva.

CALDO DE TOMATE *con* ALMEJAS *y* CALAMARES CRUJIENTES

Para 4 personas

5 cucharadas de aceite de oliva extra virgen

2 chiles rojos secos y enteros

1 cebolla pequeña, finamente picada

½ zanahoria pequeña, picada en pedazos muy pequeños

½ tallo pequeño de apio, picado en pedazos muy pequeños

3 dientes de ajo, picados en pedazos muy pequeños

3 docenas de almejas pequeñas, cepilladas y limpias

½ taza de vino blanco seco (pinot grigio o similares)

1 botella de 8 onzas de jugo de almejas

1 libra de calamares, cortados en anillos de ⅛ de pulgada de grosor

2 tazas de Salsa de tomate (página 207) o de salsa de tomate comprada

1 baguette, partida en rodajas finas en sentido transversal

Pimienta negra recién molida

Ramilletes de perejil liso, para servir

Mientras visitaba a mi mejor amiga de la escuela secundaria, que ahora vive en Capri, probé este increíble plato de calamares: un caldo de tomate poco espeso y, sin embargo, intensamente sabroso, servido como telón de fondo de unos calamares fritos, crujientes en los bordes, pero tiernos y dulces por dentro. La chef colocaba rodajas finas de calamares frescos en aceite de oliva muy caliente para que los bordes tuvieran un color café, y luego usaba los calamares en lugar de crutones para finalizar un tazón de sopa de tomate. Esta versión es tan reconfortante como la original y tiene un toque de especias gracias a los chiles secos, además de un profundo sabor a tomate gracias a la adición de la salsa de tomate casera.

1. Caliente a fuego medio 2 cucharadas de aceite de oliva en una sartén grande. Agregue los chiles y cocine por 1 minuto, luego añada la cebolla, las zanahorias, el apio y el ajo. Cocine por alrededor de 5 minutos revolviendo con frecuencia, hasta que las cebollas estén suaves. Agregue las almejas y cocine durante 2 minutos; vierta el vino y el jugo de almejas, cubra y cocine a fuego lento por alrededor de 2 minutos hasta que las almejas se abran (deseche las que no se abran).

2. Con unas pinzas, pase las almejas a un tazón grande. Coloque un colador de malla fina sobre otro tazón y pase los vegetales y la salsa de la sartén por el colador. Deseche los vegetales del colador y deje los jugos colados a un lado. Cuando las almejas estén suficientemente frías, retírelas de las conchas, deseche estas últimas y vierta los jugos acumulados en el recipiente con el jugo de los vegetales colados.

3. Caliente 1 cucharada de aceite de oliva a fuego alto en una sartén grande. Añada los calamares y el líquido reservado de las almejas y cocine los calamares por alrededor de 2 minutos hasta que estén crujientes en los bordes. Agregue las almejas cocinadas a los calamares y cocine por 2 minutos. Vierta la salsa de tomate, hierva y cocine por alrededor de 10 minutos hasta que la mezcla se reduzca a la mitad.

4. Unte las rebanadas de baguette con las 2 cucharadas de aceite de oliva restantes por ambos lados y espolvoree cada una con un poco de pimienta. Precaliente a fuego alto una parrilla o un horno. Coloque el pan en la parrilla o en una bandeja para hornear con bordes y ponga en la parte inferior del horno hasta que el pan esté dorado: de 30 segundos a 1 minuto si es a la parrilla o de 1 a 2 minutos si lo está horneando (revise con cuidado, pues la intensidad de los hornos varía). Dé vuelta las rebanadas de pan y ase por el otro lado.

5. Divida las almejas, los calamares y el caldo en los tazones, decore con una ramita de perejil y sirva con el pan tostado.

SOPA DE CHIPICHIPI

Para 4 personas

- 2 cucharadas de aceite de oliva extra virgen
- 2 cucharadas de mantequilla sin sal
- 1 cebolla amarilla pequeña, finamente picada
- 1 papa grande para hornear, pelada y cortada en cubos de ¹/₄ a ¹/₂ pulgada
- 2 zanahorias, finamente picadas
- 2 tallos de apio, finamente picados
- 6 dientes de ajo, picados en pedazos muy pequeños
- 1 chalote pequeño, picado en pedazos muy pequeños
- 1 pedazo de jengibre fresco de 1 pulgada, pelado y rallado
- 1 taza de vino blanco seco (pinot grigio o similares)
- 3 tazas de jugo de almejas embotellado
- 2 docenas de almejas *littleneck*, cepilladas y limpias
- 1 docena de almejas *cherrystone*, cepilladas y limpias
- ¹/₄ de taza de cilantro fresco, picado en trozos grandes
- 1 limón amarillo, cortado en 4 cascos

El sabor de esta rica sopa de almejas siempre me recuerda los domingos en Caracas, cuando iba a la playa y comía en un pequeño restaurante en una esquina, donde este plato era la especialidad. En Venezuela, las almejas tienen una gran variedad de formas y colores; un tazón lleno de ellas, tiernas, al vapor y cocinadas a la perfección es algo verdaderamente maravilloso. Las almejas se cocinan en pocos minutos: una vez que se abren, la sopa está lista. Puede utilizar cualquier tipo de almejas: *littleneck*, *cherrystones* o *steamers* o, si lo prefiere, incluso mejillones.

1. Caliente el aceite de oliva y la mantequilla a fuego alto en una olla grande o de hierro fundido. Agregue la cebolla y cocine de 1 a 2 minutos revolviendo con frecuencia, hasta que esté translúcida. Añada los cubos de papa y cocine por 1 minuto antes de añadir la zanahoria, el apio, el ajo y el chalote. Cocine por alrededor de 5 minutos hasta que el chalote y la cebolla estén ligeramente dorados. Añada el jengibre y cocine por alrededor de 1 minuto revolviendo constantemente, hasta que esté fragante.

2. Vierta el vino blanco y raspe los pedacitos oscuros del fondo de la olla. Cocine a fuego lento durante 1 minuto y luego vierta el jugo de almejas y 1 taza de agua. Hierva, reduzca el fuego a medio y cocine a fuego lento de 6 a 7 minutos hasta que las papas estén tiernas. Añada las almejas, tape la olla y cocine por alrededor de 2 minutos hasta que las almejas se abran. Apague el fuego, destape la olla y deseche las almejas que no se hayan abierto. Divida las almejas y el caldo en cuatro tazones. Espolvoree el cilantro por encima y sirva con un casco de limón amarillo.

ENSALADA DE SOBA Y AJONJOLÍ
con VEGETALES CRUJIENTES *y* HIERBAS

Para 4 personas

PARA LA SALSA DE MIEL Y AJONJOLÍ

- 1/4 de taza de salsa de soya
- 2 cucharadas de miel
- 1 cucharada de salsa de chile asiática
- 1 cucharada de salsa de pescado
- 1 cucharada de jugo de limón amarillo fresco
- 1 cucharada de vino de arroz mirin
- 1 cucharada de aceite de ajonjolí bajo en grasa

PARA LA ENSALADA

- 1 paquete de 8 onzas de fideos soba
- 2 cucharadas de aceite de oliva extra virgen, más 1 cucharadita extra
- 1 cebolla amarilla, partida por la mitad y en rodajas finas
- 6 dientes de ajo, picados en pedazos muy pequeños
- 1 trozo de jengibre fresco de 1 pulgada, pelado y rallado
- 2 zanahorias, partidas en tiras finas y a lo largo
- 1 pimentón verde, partido a la mitad, sin semillas y en tiras finas
- 1 pimentón rojo, partido a la mitad, sin semillas y en tiras finas
- 1 pimentón amarillo partido a la mitad, sin semillas y en tiras finas

Si tengo que alimentar rápido a la gente, el primer lugar al que voy es al refrigerador, para ver qué tengo a la mano. Si tengo una buena selección de vegetales frescos de varios colores, entonces hago esta ensalada de soba. La clave es tener todos los vegetales y las hierbas listas antes de empezar a cocinar; el plato se prepara tan rápido que apenas tendrá tiempo para revolver entre cada una de las adiciones, y mucho menos para cortar y rebanar. Para un toque adicional de proteína, prepare una pechuga de pollo o un bistec de falda a la parrilla, corte en tiras finas y sirva sobre la ensalada. Sustituya por spaghettini si no tiene fideos soba. Esta ensalada es maravillosa para fiestas: divídala en pequeñas cajas de comida china para llevar y sirva con palillos.

1. Para hacer la salsa, mezcle la salsa de soya, la miel, la salsa de chile, la salsa de pescado, el jugo de limón amarillo, el mirin y el aceite de ajonjolí en un tazón mediano y reserve.

2. Para hacer la ensalada, coloque un recipiente grande de agua helada en la zona de trabajo. Hierva agua en una olla grande. Añada los fideos soba y cocine, siguiendo las instrucciones del paquete, hasta que los fideos estén tiernos. Pase por un colador de malla fina y luego introduzca el colador en el agua helada para agitar los fideos. Vierta los fideos en un tazón mediano, rocíe con 1 cucharadita del aceite de oliva y reserve.

3. Caliente las 2 cucharadas restantes de aceite de oliva en un wok o sartén grande a fuego alto. Agregue la cebolla y co-

continuado

- ¼ de taza de cilantro fresco, picado, más 1 cucharada para servir
- 1 cucharada de albahaca fresca, finamente picada
- 1 cucharada de menta fresca, finamente picada
- 2 cucharadas de semillas de ajonjolí

cine de 1 a 2 minutos revolviendo ocasionalmente, hasta que esté translúcida. Añada el ajo y el jengibre y cocine por alrededor de 1 minuto revolviendo con frecuencia, hasta que estén fragantes. Agregue las zanahorias y los pimentones y siga cocinando por alrededor de 3 minutos hasta que empiecen a ablandarse. Vierta ¼ de taza de la salsa de ajonjolí y miel, y revuelva para combinar.

4. Vierta los fideos soba en la olla y utilice pinzas para mezclarlos con los vegetales. Vierta la salsa de miel y ajonjolí restante. Apague el fuego y agregue el cilantro, la albahaca, la menta y 1 cucharada de las semillas de ajonjolí, usando unas pinzas para mezclar suavemente con los fideos. Divida la pasta en cuatro platos grandes, espolvoree la cucharada restante de semillas de ajonjolí y termine con un poco de cilantro.

¿Sabía que...?

Los fideos soba elaborados con alforfón son una alternativa baja en calorías y en gluten a la pasta elaborada con trigo durum. Algunos fabricantes hacen fideos soba con harina integral de trigo durum, así que asegúrese de revisar la etiqueta si prepara este plato para alguien que tenga sensibilidad al trigo.

ATÚN A LA PARRILLA SOBRE PASTA *con* TOMATES CHERRY *y* ACEITUNAS

Para 6 personas

2 tazas de pasta pequeña en forma de tubo (como ditali, pennette o tubetti)

1 cucharada de sal kosher, más 1 pizca

1 cucharada de aceite de oliva extra virgen, más 2 cucharaditas

1 cucharada de aceite vegetal

1 filete de atún de 14 onzas

2 tazas de tomates cherry

1 diente grande de ajo, o 2 pequeños, picado en pedazos muy pequeños

1/3 de taza de aceitunas picholine deshuesadas, picadas en trozos grandes

2 cucharadas de alcaparras encurtidas y envasadas, enjuagadas

1 cucharada de ají dulce y fresco, finamente picado, o pimentones cherry encurtidos y envasados

2 cucharadas de Llovizna de hierbas (página 200)

4 cebollines, sólo la parte blanca y la verde claro, cortados en rodajas finas

1/4 de taza de hojas de albahaca fresca, apretada, bien enrollada y cortada en tiras finas en sentido transversal

1/4 de taza de perejil liso fresco, finamente picado

1 cucharadita de pimienta negra recién molida

La ensalada de pasta es un excelente plato para comer al aire libre, ideal para *picnics* y paseos en la playa. El truco consiste en cargar la pasta con sabores robustos para obtener una gran complejidad en cada bocado. Aquí, el clásico plato italiano de *pasta alla puttanesca* ha sido transformado en un ensalada de pasta al carbonizar rápidamente los tomates y el ajo fresco en una sartén, para caramelizar sus azúcares sin perder la acidez y la jugosidad brillante del tomate. Los bocados gruesos de atún a la parrilla le dan un sabor ahumado a este plato. Las aceitunas y las alcaparras saladas, los chiles picantes y un puñado de hierbas frescas lo llevan a otro nivel.

1. Hierva agua en una olla grande. Agregue la pasta y 1 cucharada de sal y cocine siguiendo las instrucciones del paquete hasta que la pasta esté al dente. Coloque un tazón grande con agua helada en el área de trabajo. Vierta la pasta en un colador de malla fina para escurrir y luego sumérjala en el agua helada para templarla. Retire la pasta del agua helada, viértala en un tazón grande, rocíe con 2 cucharaditas de aceite de oliva, mezcle bien y deje a un lado.

2. Prepare una parrilla de carbón o de gas.

3. Vierta el aceite vegetal en un tazón pequeño y, con unas pinzas, sumerja papel toalla doblado (o un pincel de cocina) en el aceite vegetal y luego frote el aceite en la rejilla de la parrilla. Coloque el atún en la parrilla y cocine por alrededor de 1 minuto hasta que se carbonice. Utilice una espátula para dar vuelta con cuidado el filete de atún y ase el otro lado por alrededor de 1 minutos más hasta que esté carbonizado. Retire

con cuidado el filete de la parrilla, colóquelo en una tabla de cortar y pártalo en trozos de 1 pulgada. Deje a un lado.

4. Caliente 1 cucharada de aceite de oliva a fuego alto en una sartén grande. Añada los tomates cherry y el ajo y cocine por 1 minuto revolviendo con frecuencia. Agregue las aceitunas, las alcaparras, el ají dulce, la pasta y una pizca de sal, y mezcle con unas pinzas. Cocine por alrededor de 3 minutos hasta que la pasta esté bien caliente. Añada el atún y la llovizna de hierbas y revuelva suavemente para combinar, evitando que el atún se rompa. Agregue el cebollín, la albahaca, el perejil y la pimienta negra. Mezcle, divida la pasta en seis tazones grandes y sirva.

MERO A LA PLANCHA *con* TOMATES SECOS *y* ESPINACAS

Para 4 personas

4 filetes de mero de 6 onzas

1¹/₂ cucharaditas de sal kosher

1¹/₂ cucharaditas de pimienta negra recién molida

1 cucharada de aceite de oliva extra virgen

4 dientes de ajo, picados en pedazos muy pequeños

¹/₂ chalote, finamente picado

¹/₃ de taza de tomates secos, cortados en rodajas finas

¹/₄ de taza de vino blanco seco (pinot grigio o similares)

2 tazas de hojas de espinaca

¹/₂ taza de crema *half & half*

¹/₂ taza de Caldo de pollo (página 211) o de caldo de pollo comprado

1 cucharada de perejil liso fresco, picado en trozos grandes

El pescado es una de mis comidas rápidas favoritas. Es saludable, se cocina rápidamente y su sabor natural permite acompañarlo con una gama de diversos ingredientes que van de suaves a fuertes. Como vivo en Miami, tengo la suerte de conseguir pescados frescos, acabados de sacar del barco y capturados cerca de aquí. Si en donde vive no puede encontrar pescado de buena calidad, firme y de color fresco, cómprelo congelado (es mejor el ultra congelado, pues mantiene la textura y el sabor del pescado). Si no encuentra mero, reemplace con mahi mahi, pargo o bacalao.

1. Sazone el mero con 1 cucharadita de sal y 1 cucharadita de pimienta y deje a un lado. Caliente el aceite de oliva a fuego alto en una sartén grande y antiadherente. Coloque los filetes de mero en la sartén y cocine por alrededor de 3 minutos hasta que se doren (si no quiere que los bordes del pescado se enrosquen, use una espátula para presionarlo suavemente hacia abajo). Agregue el ajo y los chalotes, introduzca con cuidado una espátula debajo del pescado y dele vuelta.

2. Agregue los tomates secos y el vino blanco a la sartén, y acomode suavemente el pescado para que un poco de vino lo cubra por debajo. Agregue la espinaca, la crema *half & half* y el caldo de pollo. Hierva la salsa a fuego lento y cuando empiece a espesar, al cabo de alrededor de 5 minutos, añada la ¹/₂ cucharadita de sal restante, la ¹/₂ cucharadita de pimienta restante y apague el fuego. Divida la mezcla de espinaca en cuatro platos, coloque el mero encima, espolvoree con el perejil y sirva.

CAMARONES EN SALSA DE ENCHILADO

Para 6 personas

- 3 cucharadas de aceite de oliva extra virgen
- 6 dientes de ajo, picados en pedazos muy pequeños
- 1 chalote grande, picado en pedazos muy pequeños
- 1 pedazo de jengibre fresco de 1 pulgada, pelado y rallado
- 1 libra de camarones grandes (21 a 25 por libra), pelados y desvenados
- ½ taza de vino blanco seco (pinot grigio o similares)
- ½ pimentón rojo, finamente picado
- ¼ de pimentón verde, finamente picado
- 1 lata de 14,5 onzas de tomates en cubos
- ½ taza de salsa de tomate en lata (la mitad de una lata de 8 onzas)
- ¼ de taza de Caldo de pollo (página 211) o de caldo de pollo comprado
- 1 jalapeño, partido a la mitad, sin semillas, desvenado y finamente picado
- 1 taza de ramilletes de brócoli del tamaño de un bocado
- 1 cucharada de albahaca fresca finamente picada
- 1 cucharadita de sal kosher
- 1 cucharadita de pimienta negra recién molida

Una salsa de enchilado se hace típicamente con muchos chiles frescos y secos, y es muy picante. Esta presenta un equilibrio de dulce y picante gracias a la combinación del sabor suave de los pimentones rojos y verdes que le dan cuerpo, al chile jalapeño que le da el picor y al sabor fresco del jengibre (si lo quiere más picante, sólo tiene que añadir una pizca de chile rojo en hojuelas). Cuando se trata de cocinar camarones, tenga cuidado especial con el tiempo de cocción, ya que incluso un minuto de más en la sartén puede transformar unos camarones dulces y suculentos en cauchosos. Este plato es delicioso sobre un puré de papas o un Arroz blanco básico (página 204).

1. Caliente el aceite de oliva a fuego alto en una sartén grande. Añada el ajo, el chalote y el jengibre y cocine por 1 minuto revolviendo con frecuencia, hasta que estén fragantes. Agregue los camarones a la sartén y cocine por 1 minuto y sólo hasta que empiecen a adquirir color. Use unas pinzas para dar vuelta los camarones y cocine durante 1 minuto por el otro lado.

2. Vierta el vino blanco y cocine por 1 minuto. Añada los pimentones, los tomates, la salsa de tomate, el caldo de pollo y el jalapeño. Cocine por 1 minuto y luego agregue el brócoli. Cubra la sartén y cocine por alrededor de 3 minutos hasta que el brócoli tenga un color verde brillante y esté al dente. Añada la albahaca, la sal y la pimienta negra, cocine por 1 minuto más y sirva.

CERDO SALTEADO EN WOK *con* BERENJENAS PICANTES

Para 6 personas

2 cucharadas de aceite vegetal

4 berenjenas asiáticas o italianas, largas y delgadas, sin las puntas, partidas a la mitad y a lo largo, y luego en trozos de 1 pulgada de grosor

1 libra de carne molida de cerdo

1/4 de taza de vino de arroz

1/4 de taza de vinagre de arroz

1/4 de taza de salsa de soya

3 cucharadas de salsa de pescado

1 1/2 cucharadas de salsa de chile asiática

2 cucharadas de azúcar

1/4 de taza de cilantro fresco, finamente picado

2 cucharadas de semillas de ajonjolí

4 cebollines, sólo la parte blanca y la verde clara, en rodajas finas al bies

Hace muchos años estuve varias semanas en Kyoto, trabajando en diferentes cocinas para aprender acerca de los sabores, alimentos y métodos de cocción japoneses. Aunque yo no hablaba el idioma, observé cómo los chefs utilizaban y cocinaban los ingredientes. El efecto en mi cocina fue poderoso y adquirí una verdadera afición por los salteados en wok, que tienen sabores limpios, preparados de formas rápidas y simples. Esta receta me recuerda a una versión asiática del picadillo (vea la nota de encabezamiento de la página 156), un plato clásico latino de carne molida. Es perfecto sobre el Arroz blanco básico (página 204). La salsa de pescado y la salsa de chile asiática se pueden comprar en los mercados asiáticos y también se encuentran comúnmente en el pasillo étnico de los grandes supermercados.

1. Caliente el aceite a fuego alto en un wok o sartén grande. Añada las berenjenas y cocine hasta que estén doradas por ambos lados, por alrededor de 10 minutos en total. Haga un agujero en el centro de las berenjenas (de modo que se vea el centro de la sartén) y desmenuce la carne en la sartén. Cocine la carne por alrededor de 10 minutos rompiendo los pedazos grandes con una cuchara de madera, hasta que se dore.

2. Mientras el cerdo se dora, mezcle el vino de arroz, el vinagre de arroz, la salsa de soya, la salsa de pescado, la salsa de chile y el azúcar en un tazón mediano. Vierta la mezcla sobre las berenjenas y la carne de cerdo, revolviendo para mezclar. Cocine por alrededor de 7 minutos hasta que el líquido se reduzca a la mitad.

3. Vierta el salteado en un plato y termine con el cilantro, las semillas de ajonjolí y los cebollines.

FRICASÉ SURAMERICANO DE POLLO

Para 4 personas

8 muslos de pollo sin hueso y sin piel

1 cucharadita de sal kosher

1 cucharadita de pimienta negra recién molida

1/4 de taza de aceite de oliva extra virgen

1 cebolla blanca grande, finamente picada

3 dientes de ajo, picados en pedazos muy pequeños

1 cucharadita de pasta de tomate

3/4 de taza de pasas doradas

1/2 taza de aceitunas verdes deshuesadas, en rodajas finas

1/2 taza de aceitunas negras deshuesadas, en rodajas finas

1/3 de taza de alcaparras encurtidas y enjuagadas

Cáscara rallada de 1 limón amarillo

1 1/2 cucharaditas de granos enteros de pimienta rosada (o menos para un sabor más suave)

1 pimentón verde, partido a la mitad, sin semillas y finamente picado

1 tomate pequeño, sin semillas y picado

1 taza de Caldo de pollo (página 211) o de caldo de pollo comprado

1 baguette en rodajas, para servir

1/4 de taza de crema espesa

Vinagre balsámico, para servir

1 1/2 cucharadas de cilantro fresco, finamente picado

Para las fiestas de cumpleaños y reuniones familiares, mi niñera Leo siempre hacía este tradicional fricasé de pollo picante. El sabor, con pasas dulces, aceitunas saladas, alcaparras salobres, tomates y cebollas doradas es muy latino y, sin mucho esfuerzo, da al pollo un sabor maravillosamente complejo. Yo le añado un toque de ralladura de limón amarillo para acentuar su final, un chorrito de crema para enriquecerlo y un chorrito de vinagre balsámico para darle un toque de sabor dulce y ácido. Sirva el fricasé al estilo familiar con puré de papas o arroz blanco (vea la página 204) y plátanos fritos (vea la página 206) y, tal como lo hizo Leo, espere que le pidan la receta en cada reunión familiar.

1. Enjuague el pollo con agua fría. Seque con papel toalla, sazone con la sal y la pimienta negra y deje a un lado.

2. Caliente 2 cucharadas de aceite de oliva a fuego medio-alto en una cacerola grande. Lleve el pollo a la olla y cocine hasta que ambos lados estén dorados, por alrededor de 8 minutos en total. Retire el pollo de la olla, colóquelo en un plato grande y deje a un lado. Añada la cebolla y el ajo a la olla y cocine por alrededor de 5 minutos hasta que la cebolla empiece a dorarse.

3. Agregue la pasta de tomate y cocine por 3 minutos, revolviendo con frecuencia antes de incorporar las pasas, las aceitunas verdes, las aceitunas negras, las alcaparras, la ralladura de limón amarillo y la pimienta rosada. Añada los pimentones y los tomates, y luego vierta el caldo de pollo. Regrese el pollo a la olla y hierva el caldo a fuego lento. Cubra la olla, reduzca el fuego a medio-bajo y cocine a fuego lento de 5 a 8 minutos hasta que los tomates se rompan.

4. Mientras el pollo se cocina, tueste las rebanadas de baguette. Coloque la parrilla del horno en posición media-alta y el horno a fuego alto. Unte ambos lados del pan con las 2 cucharadas restantes de aceite de oliva. Coloque ocho rebanadas de pan sobre una bandeja para hornear con bordes forrada con papel aluminio, y hornee de 1 a 2 minutos hasta que se doren (revise el pan con frecuencia, pues la intensidad de los hornos puede variar). Dé vuelta las rebanadas y tueste por el otro lado, de 1 a 2 minutos más. Retire la bandeja del horno y deje a un lado.

5. Agregue la crema espesa al fricasé, cocine por 1 minuto para integrar los sabores y apague el fuego. Coloque 2 rebanadas en cada uno de los cuatro platos. Coloque 2 pedazos de pollo y un poco de salsa encima de cada rebanada, rocíe con el vinagre balsámico, espolvoree con cilantro y sirva.

LOMO SALTADO *con* PAPAYAS A LA PARRILLA

Para 4 personas

PARA EL ADOBO DEL LOMO

- 1 diente de ajo
- ¼ de cucharadita de sal kosher
- 2 cucharadas de aceite de canola
- 4 cucharaditas de vinagre de arroz
- 4 cucharaditas de salsa de soya
- 1 cucharada de salsa de ostras
- 1 cucharadita de comino en polvo
- ¾ de cucharadita de pimienta negra recién molida
- ½ cucharadita de pimentón dulce
- 1 libra de lomo de res partido en rodajas de ¼ de pulgada de ancho y en sentido transversal

PARA EL LOMO SALTADO

- 1 papaya grande, partida a la mitad y sin semillas
- 1 cucharadita de aceite vegetal
- 1 cucharada de aceite de oliva extra virgen
- 1 cebolla roja grande, partida a la mitad y en rodajas de ½ pulgada de grosor
- 1 taza de tomates cherry en mitades
- ½ chalote, picado en pedazos muy pequeños
- 3 dientes de ajo, picados en pedazos muy pequeños

El lomo saltado es un clásico peruano de carne y cebolla (y a veces pimentones) salteados en wok. En Suramérica hay una gran cantidad de inmigrantes asiáticos, y este plato marinado en vinagre de arroz, salsa de soya y salsa de ostras es un reflejo de su profunda influencia en nuestra cultura. Yo lo sirvo en una papaya a la parrilla en forma de barco que le da un sabor maravillosamente tropical y una presentación sorprendente. Si puede planificar con antelación, destine un poco de tiempo para marinar la carne desde la noche anterior. El resultado vale la pena.

1. Para hacer el adobo, pique finamente el ajo, espolvoree con la sal e integre la mezcla con el lado plano de un cuchillo de chef. Siga triturando y picando hasta que la mezcla se convierta en una pasta. Vierta la pasta en un tazón mediano y agregue el aceite de canola, el vinagre de arroz, la salsa de soya, la salsa de ostras, el comino, la pimienta y el pimentón dulce. Agregue la carne de res, revuelva para cubrir con el adobo, tape el recipiente con papel plástico y reserve por al menos 2 horas o por toda la noche.

2. Prepare una parrilla de carbón o de gas.

3. Para hacer el lomo saltado, recubra cada media papaya con un poco de aceite vegetal, coloque la parte cortada hacia abajo en la parrilla y cocine de 6 a 8 minutos hasta que la papaya tenga marcas de la parrilla y se dore. Use una espátula para pasar la papaya a un plato. Deje enfriar mientras la carne

continuado

3/4 de taza de vino tinto (merlot o similares)

2 cucharadas de salsa de soya

1 cucharada de miel

1/2 taza de cilantro fresco, finamente picado, y algunas ramitas para servir

se cocina. (A modo de alternativa, precaliente el horno a 400°F. Coloque hacia abajo las mitades de papaya aceitadas en una bandeja para hornear y hornee de 6 a 8 minutos hasta que el lado del corte tenga un color dorado).

4. Caliente el aceite de oliva a fuego alto en un wok o en una sartén grande. Cuando el aceite comience a humear, añada la carne y la cebolla y cocine por 1 minuto revolviendo con frecuencia. Agregue los tomates cherry, los chalotes y el ajo y cocine por alrededor de 4 minutos revolviendo con frecuencia, hasta que los tomates comiencen a desmoronarse.

5. Vierta el vino tinto, la salsa de soya y la miel y cocine por alrededor de 4 minutos hasta que la salsa esté un poco espesa. Agregue el cilantro picado. Cocine 2 minutos más para que los sabores se integren. Apague el fuego.

6. Coloque las mitades de papaya en un plato y vierta el lomo saltado encima. Termine con las ramitas de cilantro, corte en trozos a lo largo y sirva.

VARIACIÓN: *Lomo saltado con papas fritas y arroz*

¡Una de mis formas favoritas de comer sobras de Lomo saltado es con papas fritas y Arroz blanco básico (página 204)! Tiene muchísimos carbohidratos, pero es delicioso y satisfactorio y, en realidad, también es muy tradicional.

ORECCHIETTE VERDES ESPECIADAS

Para 4 personas

2¹/₂ cucharaditas de sal kosher, más 1 cucharada

1¹/₂ libras de coronas de brócoli, divididas en ramilletes pequeños

1 libra de pasta orecchiette

¹/₄ de taza de aceite de oliva extra virgen, más 2 cucharadas y un poco más para servir

6 dientes de ajo, picados en pedazos muy pequeños

2 jalapeños grandes, picados en pedazos muy pequeños (sin semillas ni venas, para reducir el picor)

1 chalote, picado en pedazos muy pequeños

1 cucharadita de ají dulce fresco picado o pimentones cherry dulces encurtidos y envasados

³/₄ de cucharadita de pimienta roja en hojuelas

1 taza de queso parmesano-reggiano, y un poco más para servir

3 hojas grandes de albahaca, apretadas, bien enrolladas y cortadas en tiras finas en sentido transversal, más 4 ramitas para servir

1 cucharada de perejil liso fresco, finamente picado, y un poco más para servir

1 pizca de pimienta negra recién molida

En lugar de utilizar la típica albahaca para un pesto, para hacer esta salsa fácil utilizo ramilletes tiernos de brócoli cocido. El sabor a nuez del queso parmesano-reggiano lo hace sustancioso, mientras los jalapeños y los chiles dulces ile dan un poco de picor!

1. Coloque un recipiente grande de agua helada en el área de trabajo. Hierva dos ollas grandes con agua. Vierta 1¹/₂ cucharaditas de la sal y el brócoli en una olla y cocine por alrededor de 15 minutos hasta que el brócoli esté muy suave. Cuele y sumerja el colador en el agua helada (esto mantiene el color brillante del brócoli).

2. Mientras tanto, añada 1 cucharada de la sal restante a la otra olla y agregue las orecchiette. Cocine siguiendo las instrucciones del paquete hasta que estén al dente. Escurra la pasta (reserve ¹/₃ de taza más 2 cucharadas de agua de la pasta) y deje a un lado.

3. Cuando el brócoli esté completamente frío, retírelo del agua helada y córtelo en trozos pequeños. Deje a un lado.

4. Vierta ¹/₄ de taza de aceite de oliva en una sartén grande y caliente a fuego alto. Agregue el ajo, los jalapeños, los chalotes, los pedazos de brócoli, el ají dulce, la pimienta roja y 2 cucharadas del agua de la pasta. Revuelva hasta que la mezcla se vea casi como un pesto. Reduzca el fuego a medio-bajo y cocine por alrededor de 1 minuto para calentar el brócoli.

5. Agregue las orecchiette cocidas junto con las 2 cucharadas restantes de aceite de oliva y el ¹/₃ de taza de agua restante de la pasta. Agregue el queso parmesano-reggiano, la albahaca, el perejil, la cucharadita de sal restante y la pimienta negra hasta que la mezcla esté bien integrada. Divida la pasta en cuatro tazones, espolvoree con queso adicional y un poco de perejil y finalice con una ramita de albahaca y un chorrito de aceite de oliva.

COCINA CASERA: LOS PLATOS FAVORITOS

Desde mi punto de vista, lo que hace que un plato sea un clásico latino es la forma en que conecta a los latinos de diferentes países. Si alguien creció en Venezuela, Argentina, Colombia o Perú, lo más probable es que los frijoles negros, la sopa de lentejas o el pollo con arroz fueran servidos a menudo a la hora de comer. Algunas recetas, como las tortas de maíz llamadas «arepas», pueden variar de un país a otro. En México, las tortas de maíz muy similares a las arepas se llaman «gorditas», mientras que en El Salvador se les conoce como «pupusas». Por supuesto que recurro a la textura tierna y mantecosa de las arepas que comía en Venezuela mientras crecía. Uno de mis recuerdos favoritos de la infancia es el sonido de mi mamá golpeando la masarepa entre sus palmas para hacer discos planos. Una vez que olía el maíz dulce recién cocinado, corría hacia la cocina, voraz y lista para comer más de lo que me correspondía.

Mientras que «cremita di apio» o «reina pepiada» pueden sonar poco familiares, cuando miren sus listas de ingredientes, verán que para hacer estos alimentos tradicionales es probable que tengan todos o la mayor parte de los ingredientes en su despensa (vea las páginas xvii–xxiv para mi lista de indispensables de la despensa). Por supuesto que doy mi propio toque a las recetas, añadiendo capas de sabor a partir del tocino ahumado, de muchas hierbas frescas, de la fuerza del jugo de cítricos frescos y de un buen aceite de oliva. De esta manera satisfago mis expectativas de comida colorida y de sabores audaces, preparada con sencillez, y a la vez creo una versión modernizada de estos platos tan tradicionales.

AREPAS VENEZOLANAS

Para 16 arepas

2 tazas de harina de maíz Doña Arepa, Harina P.A.N. o Areparina

1 cucharada de azúcar

1 cucharadita de sal kosher

4 cucharadas (½ barra) de mantequilla sin sal, derretida

2 cucharadas de aceite vegetal

Mantequilla sin sal, queso crema, queso fresco o mozzarella para servir

Los panes de maíz planos, livianos y dorados llamados «arepas» son un elemento básico absoluto en las mesas venezolanas: son para los venezolanos lo que las baguettes para los franceses. Las comemos con todo por la mañana, la tarde y la noche, desde mantequilla dulce a huevos revueltos y Carne mechada (página 162). Desde la mesa de la cocina más humilde hasta el restaurante *gourmet* más lujoso, cuando los venezolanos parten el pan, lo que comen son arepas frescas, vaporosas y asadas.

Estas arepas no se desvían mucho de la tradición, con una excepción: para alivianar la cocina latina clásica, casi siempre horneo mis arepas en lugar de freírlas (digo «casi» porque a veces frío porciones más pequeñas. Vea la página 32). Primero doro las arepas en la plancha para concentrar los sabores en la masa y obtener una corteza crujiente y agradable. Luego las llevo al horno, donde se inflan en tortas de maíz tierno. Al igual que las galletas, las arepas saben mejor recién salidas del horno, mientras están todavía humeantes y tibias. Las arepas crudas pero ya amasadas se pueden envolver herméticamente en papel plástico y refrigerar hasta por un día (la masa también se puede refrigerar hasta por un día; amase ligeramente para calentar la masa antes de armarla).

1. Ajuste las rejillas del horno en la parte media-alta y media-baja y precaliente el horno a 350°F.

2. Mezcle la harina de maíz, el azúcar y la sal en un tazón grande. Deje a un lado.

3. Vierta la mantequilla en 2½ tazas de agua y luego añada a la mezcla de harina, revolviendo hasta que estén bien combinadas. La masa comenzará a aflojar, pero la harina absorberá

rápidamente el líquido. Comience a amasar la masa en el recipiente y cuando esté muy blanda y no se pegue a sus manos, después de alrededor de 8 minutos, la masa estará lista para ser moldeada (si la masa parece demasiado rígida y se rompe mientras está amasando, añada unas cucharadas de agua caliente; si está demasiado pegajosa, agregue un poco más de harina de maíz).

4. Divida la masa en 16 bolas iguales y aplane cada una entre las palmas de las manos en una torta de $3^1/_2$ a 4 pulgadas de diámetro, con $1/_3$ de pulgada de grosor (para una arepa de aspecto menos rústico, presione la arepa hasta formar un disco usando un plato plano; puede mojar sus manos con un poco de agua si la masa está un poco pegajosa).

5. Caliente 1 cucharada de aceite vegetal en una sartén grande y antiadherente a fuego medio-bajo durante 2 minutos. Coloque 3 o 4 arepas (dependiendo del tamaño de la sartén); las arepas deben chisporrotear al tocar la sartén. Cocine las arepas de 6 a 8 minutos hasta que estén doradas y tengan una corteza agradable. Deles vuelta y dore el otro lado por un período adicional de 6 a 8 minutos. Pase las arepas a una bandeja para hornear con bordes y deje a un lado. Repita con la cucharada de aceite restante (si la sartén está seca) y los discos de masa de arepa restantes (probablemente tendrá que utilizar dos bandejas para hornearlas).

6. Hornee las arepas de 20 a 30 minutos hasta que se inflen, rotando las sartenes a mitad de la cocción, para que la bandeja que está arriba quede abajo y la que está abajo quede arriba. Retire del horno y deje reposar 5 minutos antes de servir con mantequilla, queso crema, queso fresco o mozzarella.

continuado

VARIACIÓN: *Arepitas fritas con nata*

Precaliente el horno a 200°F. Divida la masa de las arepas en 36 bolas y, utilizando sus palmas o un plato (vea la página 31), forme las arepitas en tortas de 2 pulgadas de diámetro y $1/3$ de pulgada de grosor. Caliente unas 6 tazas de aceite vegetal en una sartén honda y de fondo plano (debe tener $1/2$ pulgada de aceite en la sartén). Fría las arepitas de 6 a 8 minutos por cada lado hasta que estén doradas. Páselas a una bandeja cubierta con papel toalla y déjelas reposar 5 minutos antes de servir con nata (crema agria) o queso fresco, mozzarella o mantequilla.

¿Sabía que...?

La masa para arepas se puede hacer fácilmente en un procesador de alimentos. Simplemente procese los ingredientes húmedos y secos hasta que formen una bola tosca; mantenga el procesador encendido hasta que la masa esté casi suave. Coloque la masa en su superficie de trabajo y amase a mano de 2 a 3 minutos hasta que esté maleable y no se pegue a sus manos, y luego proceda según las instrucciones.

EMPANADITAS DE ESPINACA Y QUESO DE CABRA

Para 40 empanaditas

PARA EL RELLENO DE ESPINACA

1/4 de taza de piñones

6 tazas de hojas de espinaca

8 onzas de queso fresco de cabra (alrededor de 1 taza)

1 cucharada de jugo de limón amarillo fresco

1 cucharada de sal kosher

1 1/2 cucharaditas de pimienta negra recién molida

PARA LA MASA DE LAS EMPANADITAS

4 1/2 tazas de harina para todo uso

1 cucharada de bicarbonato de sodio

1 cucharadita de sal kosher

1 taza de manteca vegetal

1 taza de leche fría

2 huevos grandes

1 yema grande

Las sabrosas empanadas fritas o al horno se pueden encontrar alrededor del mundo, desde Italia (*calzone*) a la India (*samosas*) o el Caribe (pastelitos). Estos pasteles de masa en forma de media luna son una parte muy importante de las tradiciones alimentarias suramericanas: las comemos en cualquier momento del día, incluso en el desayuno, con un cafecito. La variedad de rellenos para las empanadas está limitado solamente por su imaginación: si le sobran vegetales asados, carnes o si tiene apenas jamón y queso en el refrigerador, usted cuenta con los ingredientes necesarios para hacer una sabrosa empanada. Esta versión, que es una interpretación moderna, equilibra la riqueza tostada de los piñones con la fuerza del queso de cabra, y la potencia del jugo de limón amarillo fresco con las espinacas frescas. Procuro que estas empanadas sean pequeñas y fáciles de comer, para que sirvan de aperitivo antes de una cena o como bocado de media tarde.

1. Para hacer el relleno, tueste los piñones a fuego medio de 3 a 5 minutos en una sartén pequeña, agitando con frecuencia hasta que estén dorados. Páselos a un plato pequeño y deje enfriar.

2. Coloque un recipiente grande de agua helada en el área de trabajo. Hierva agua en una olla mediana a fuego alto. Introduzca las hojas de espinaca en el agua hirviendo; retire de inmediato y vierta en el agua helada para detener la cocción. Retire las hojas de espinaca del agua helada y exprima tanta agua como pueda. Coloque las espinacas blanqueadas en el tazón de un procesador de alimentos y añada los piñones refrigerados, el queso de cabra, el jugo de limón amarillo, la sal y la pimienta, y procese hasta que la mezcla esté suave, ras-

continuado

pando el fondo y los lados del tazón según sea necesario. Deje a un lado.

3. Para hacer la masa de las empanaditas, mezcle la harina, el bicarbonato de sodio y la sal en un tazón grande. Añada la manteca y bata la mezcla de harina con una batidora de pastelería o con sus manos, hasta que no queden trozos más grandes que una arveja. Bata la leche con 1 de los huevos y la yema, y agréguela a la mezcla de harina y manteca, removiendo con una cuchara de madera hasta formar una bola de masa. Cubra el recipiente con papel plástico y refrigere por 30 minutos.

4. Precaliente el horno a 400°F.

5. Coloque un recipiente pequeño con agua al lado de una superficie de trabajo ligeramente enharinada. Bata el huevo entero restante con 3 cucharadas de agua para hacer una mezcla y deje a un lado.

6. Divida la masa en 2 partes y coloque una en la superficie de trabajo enharinada. Amase hasta formar un disco de $1/4$ de pulgada de grosor. Con un cortador de galletas redondo de 5 pulgadas, haga la mayor cantidad de círculos de masa que pueda, cortando lo más cerca uno de otro para minimizar las sobras de masa. Deseche las sobras. Repita el procedimiento con el otro pedazo de masa. Deberá terminar con casi 40 círculos de masa.

7. Coloque 1 cucharada colmada con el relleno de espinacas en el centro de cada círculo. Sumerja el dedo o una brocha de pastelería en el agua y humedezca el borde de la mitad inferior del círculo. Doble la mitad superior sobre la inferior y presione bien los bordes para sellarlos. Presione los bordes con un tenedor y coloque la empanadita en una bandeja para hornear con bordes forrada en papel pergamino. Repita el procedimiento con los círculos de masa y el relleno restantes.

8. Unte la mezcla de huevo por encima de las empanaditas y hornee de 12 a 15 minutos hasta que estén doradas. Retírelas del horno y sírvalas calientes o a temperatura ambiente.

EMPANADITAS DE CARNE DE RES, ACEITUNAS Y PASAS

Para 20 empanaditas

4   huevos grandes

2   papas rojas, peladas

12 cucharadas (1½ barras) de mantequilla sin sal

3   cebollas amarillas, finamente picadas

1   pimentón rojo, partido a la mitad, sin semillas y cortado en pedazos de ½ pulgada

1   libra de solomillo de ternera, cortado en trozos de ½ pulgada

¼ de taza de pasas doradas

2   hojas de laurel

1   cucharada de comino en polvo

1   cucharada de pimentón dulce

1   cucharada de pimienta roja en hojuelas

5   cebollines, sólo la parte blanca y la verde clara, en rodajas finas

1   cucharadita de orégano seco

¼ de taza de aceitunas verdes finamente picadas

½ masa para empanaditas (vea la página 33), laminada y cortada en 20 círculos

Siempre estoy buscando un elemento de sorpresa cuando muerdo una empanada. Quiero degustar cada sabor y textura en cada uno de los bocados, desde lo salado a lo fuerte y picante, de lo dulce a lo amargo, de lo cremoso a lo hojaldrado. Este relleno, que contiene carne molida, aceitunas, huevos y pasas, es muy tradicional en Suramérica. El relleno puede ser distinto dependiendo de la región: en Medellín, Colombia, a veces se usa chorizo en lugar de carne molida; en Bolivia, con frecuencia se añaden arvejas y zanahorias; mientras que en Chile, donde la carne es cara, suelen tener menos carne y más cebolla. Siéntase libre de adaptar y experimentar con esta receta a su gusto. Es difícil equivocarse.

1.   Coloque 3 de los huevos en una olla mediana y cubra con agua fría. Hierva el agua a fuego medio-alto por 7 minutos. Pase los huevos a un tazón con agua y hielo, y cuando se hayan enfriado lo suficiente como para manipularlos, pélelos y córtelos en cubitos.

2.   Hierva agua en una olla mediana. Añada las papas y cocine de 20 a 25 minutos hasta que un cuchillo se deslice fácilmente en el centro. Escurra las papas y déjelas enfriar. Cuando estén lo suficientemente frías para manipularlas, pélelas y córtelas en dados de ¼ de pulgada.

3.   Caliente una sartén grande a fuego medio-alto. Añada 6 cucharadas de la mantequilla, la cebolla y los pimentones, y cocine de 5 a 7 minutos revolviendo con frecuencia, hasta que las cebollas estén transparentes y los pimentones estén suaves. Agregue la carne de res, las pasas, las hojas de laurel, el

continuado

comino, el pimentón dulce y la pimienta roja. Añada las 6 cucharadas de mantequilla restantes, cubra la sartén, reduzca el fuego a bajo y cocine de 10 a 15 minutos hasta que la carne esté completamente cocida.

4. Agregue las papas, los cebollines y el orégano, y cocine por alrededor de 2 minutos para que los sabores se integren. Pase la mezcla a un tazón grande y deje enfriar. Cuando la mezcla esté fría, deseche las hojas de laurel y agregue los huevos en cubos y las aceitunas. Cubra el recipiente con papel plástico y refrigere al menos 1 hora o toda la noche.

5. Precaliente el horno a 400°F.

6. Coloque un recipiente pequeño con agua al lado de una superficie de trabajo ligeramente enharinada. Bata el huevo restante con 3 cucharadas de agua para hacer un barniz de huevo y deje a un lado.

7. Coloque 1 cucharada colmada con relleno en el centro de cada círculo de masa. Introduzca un dedo o una brocha de pastelería en el agua y humedezca el borde de la mitad inferior del círculo. Doble la mitad superior sobre la inferior y presione los bordes para sellar. Apriete los bordes con un tenedor y coloque la empanadita en una bandeja para hornear con bordes forrada en papel pergamino. Repita con los círculos de masa y el relleno restantes.

8. Lubrique las empanaditas por encima con la mezcla de huevo y hornee de 12 a 15 minutos hasta que estén doradas. Retírelas del horno y sírvalas calientes o a temperatura ambiente.

CEVICHE DE PARGO, MANGO Y TRUFAS

Para 4 personas

1 camote grande, pelado y cortado en rodajas de $1/4$ de pulgada de grosor

$3^1/_2$ cucharadas de jugo de limón amarillo fresco (de 1 limón amarillo grande)

$3^1/_2$ cucharadas de jugo de limón fresco (de 2 limones)

1 cucharadita de aceite de trufas

$1/_2$ cucharadita de sal kosher

$1/_2$ cucharadita de pimienta negra recién molida

$1/_4$ de taza de trozos de mango fresco o congelado (y luego descongelado), cortado en pedazos pequeños

1 jalapeño, sin el tallo y finamente picado (sin semillas y desvenado, para reducir el picor)

10 onzas de filete de pargo rojo y fresco, sin piel, partido en cubos de $1/_4$ de pulgada

En su forma más básica, el ceviche es un plato clásico peruano de pescado crudo que se marina en jugo de limón amarillo o de limón (o de ambos, como en esta receta) por sólo quince minutos o durante varias horas. El ácido del jugo de los cítricos modifica las proteínas en el pescado; el calor hace lo mismo con la carne, por lo que muchas personas dicen que el ceviche se «cocina» a pesar de que nunca entra en contacto con el calor de una parrilla o una estufa. El ceviche es popular en toda Centroamérica y Suramérica, y es muy sencillo de hacer. El ingrediente más importante es el pescado, por supuesto, así que cómprelo tan fresco como pueda. Si no encuentra pargo rojo (o si este no tiene buen aspecto), en su lugar puede utilizar atún, tilapia, camarón, mero, salmón, calamares o incluso langosta. Recuerde: el pescado fresco debe tener un olor dulce y sentirse firme al tacto. Nunca debe estar demasiado blando ni tener un olor muy fuerte. Aunque pueda parecer inusual, el camote es en realidad un acompañamiento muy tradicional en el ceviche peruano. Aquí, la dulce cremosidad del camote contrarresta agradablemente la acidez de la salsa (vea la fotografía de la página anterior).

1. Coloque las rodajas de camote en una vaporera para microondas y cocine en el microondas de 8 a 10 minutos hasta que estén tiernas. (Para otra opción, hierva 1 pulgada de agua en una olla grande. Coloque las rodajas de camote en una vaporera, tape la olla y cocine por alrededor de 15 minutos hasta que estén tiernas). Pase las rodajas a un plato y déjelas enfriar. Cuando estén a temperatura ambiente, cubra el plato con papel plástico y refrigere por alrededor de 30 minutos hasta que se enfríen.

continuado

2. Mezcle el jugo de limón amarillo, el jugo de limón, el aceite de trufas, la sal y la pimienta negra en un tazón mediano. Agregue los trozos de mango y el jalapeño, y añada el pargo con suavidad. Cubra el recipiente con papel plástico y refrigere por 20 minutos.

3. Para servir, coloque las rodajas de camote en el fondo de cuatro tazones. Use una espumadera para dividir el ceviche en los tazones y vierta la marinada restante encima.

¿Sabía que...?

Considero que la mejor manera de asegurarse de que los filetes que usted compra sean frescos, es comprar un pescado entero y pedirle al pescadero que le quite las escamas y lo filetee. De esa manera, usted podrá examinar los ojos del pescado para asegurarse de que sean cristalinos y presionar la carne para comprobar su firmeza (el pescado fresco debe ser compacto y sentirse ligeramente firme a la presión suave). La frescura de sus filetes estará garantizada.

CEVICHE DE ATÚN *con* LECHE DE TIGRE

Para 4 personas

PARA LA LECHE DE TIGRE

- 1 zanahoria, cortada en trozos grandes
- 1 tallo de apio, cortado en trozos grandes
- 1 cebolla amarilla pequeña, cortada en trozos grandes
- ½ taza de jugo de limón amarillo fresco (alrededor de 3 limones amarillos)
- ⅓ de taza de salsa de soya
- 1 cucharada de leche de coco
- 1 cucharadita de aceite vegetal
- 1 pizca de sal kosher
- 1 pizca de pimienta negra recién molida

PARA EL CEVICHE

- 10 onzas de atún para sushi, rebanado transversalmente con una mandolina o con un cuchillo bien afilado en tiras de ⅛ de pulgada de espesor
- ½ cebolla roja pequeña, finamente picada
- ¼ de pimentón rojo, finamente picado
- ½ taza de hojas de cilantro fresco, picadas
- 4 hojas de endivia, para servir (opcional)
- *Chips* de yuca comprados o *chips* de wantán horneados, para servir (opcional)

Leche de tigre es el nombre que los peruanos dan a la marinada para el ceviche porque después de mezclarse con el pescado, el líquido adquiere un color blanco opalescente y perlado que recuerda a la leche; la potencia del *tigre* proviene del toque audaz de acidez proveniente del jugo de limón amarillo o del de limón. El caldo de un ceviche debe ser tan delicioso como el pescado que contiene. En este ceviche de atún, el jugo recibe un impulso adicional en materia de sabor gracias a la leche de coco y a la salsa de soya, dándole un sabor de fusión asiática. Las hojas de endivia se utilizan aquí como cucharas comestibles.

1. Para hacer la leche de tigre, coloque las zanahorias, el apio, las cebollas, el jugo de limón amarillo, la salsa de soya, la leche de coco, el aceite vegetal, la sal y la pimienta negra en una licuadora, y licue hasta que la mezcla esté completamente suave. Refrigere por lo menos 20 minutos o hasta 2 días.

2. Para hacer el ceviche, mezcle suavemente el atún con la cebolla y los pimentones en un tazón mediano. Vierta la leche fría de tigre sobre la mezcla de atún, agregue el cilantro y revuelva suavemente para combinar. Cubra el recipiente con papel plástico y refrigere por 10 minutos.

3. Use una espumadera para servir el ceviche en cuatro copas de martini. Rocíe un poco de leche de tigre sobre cada porción y termine con una hoja de endivia y algunos *chips* de yuca, en caso de que decida usarlos. Sirva de inmediato.

SOPA DE FRIJOLES NEGROS *con* TOCINO SOFRITO

Para 6 personas

2 tazas de frijoles negros secos

6 tazas de Caldo de pollo (página 211) o de caldo de pollo comprado

4 rebanadas de tocino, finamente picado

1 pimentón verde, partido a la mitad, sin semillas y finamente picado

1 taza de Sofrito básico (página 202)

10 dientes de ajo, picados en pedazos muy pequeños

2 cucharadas de comino en polvo

2 hojas de laurel

Utilizar frijoles caseros en lugar de enlatados hace una enorme diferencia en esta sopa sencilla. Los frijoles secos recién hechos le dan una cremosidad increíble que se filtra en el caldo oscuro, suministrándole una adorable consistencia espesa y brillante, mientras que el tocino le añade un toque ahumado. Triture las sobras para un *dip* de frijoles negros o cuele los granos del líquido y coma con arroz espolvoreado con un poco de azúcar y unos plátanos fritos al lado.

1. Hierva agua en una olla grande. Agregue los frijoles y cocine por 3 minutos. Apague el fuego, tape y deje remojar los frijoles durante 1 hora.

2. Escurra los frijoles en un colador, enjuague la olla y luego vierta los frijoles en la olla junto con el caldo de pollo. Hierva, reduzca el fuego a bajo, tape y cocine a fuego lento por 1 hora.

3. Mientras tanto, coloque el tocino en una sartén grande a fuego medio-alto. Cocine de 3 a 5 minutos revolviendo ocasionalmente, hasta que el tocino comience a estar crujiente. Reduzca el fuego a bajo y agregue el pimentón, el sofrito, el ajo y el comino. Cuando los pimentones comiencen a ablandarse, después de alrededor de 2 minutos, añada la mezcla de sofrito a la olla con los frijoles. Agregue las hojas de laurel, tape y cocine por alrededor de 1 hora revolviendo ocasionalmente, hasta que los frijoles estén tiernos. Retire y deseche las hojas de laurel. Divida la sopa en seis tazones y sirva.

SOPA CREMOSA DE MAÍZ TOSTADO

Para 6 personas

4 mazorcas de maíz pelado, los granos desprendidos de las mazorcas

2 cucharadas de aceite de oliva extra virgen

2 cucharaditas de sal kosher

2 cucharaditas de pimienta negra recién molida

1 taza de Sofrito básico (página 202)

1 diente de ajo, picado

2 calabazas de verano amarillas, sin las puntas y picadas

2 calabacines, sin las puntas y picados en trozos grandes

5 tazas de Caldo de pollo (página 211) o de caldo de pollo comprado

1/4 de taza de cilantro fresco, más 1 cucharada, finamente picado

1/4 de taza de crema espesa (opcional)

En Suramérica hemos comido maíz desde hace miles de años. El maíz es molido en harina para hacer arepas, pupusas, tamales y tortillas; por supuesto, también se usa en su forma pura en sopas y guisos como este, que tiene un maravilloso sabor tostado y almendrado luego de tostar el maíz y caramelizar sus azúcares antes de agregarlo a la sopa. Enriquecer el sofrito con calabaza de verano le da un toque otoñal a esta sopa.

1. Precaliente el horno a 400°F.

2. Coloque los granos de maíz en una bandeja para hornear con bordes y extienda los granos en una capa uniforme. Rocíe con 2 cucharadas del aceite de oliva y espolvoree con 1 cucharadita de sal y 1 cucharadita de pimienta. Mezcle con las manos para sazonar el maíz de manera uniforme. Hornee por alrededor de 20 minutos hasta que esté ligeramente dorado.

3. Mientras tanto, caliente el sofrito a fuego medio-alto en una olla grande. Agregue el ajo, la calabaza amarilla y el calabacín. Aumente el fuego a alto y cocine por alrededor de 10 minutos revolviendo con frecuencia, hasta que la calabaza se ablande.

4. Vierta el caldo de pollo y luego añada el cuarto de taza de cilantro y 1 taza de maíz tostado. Lleve a fuego lento y cocine por alrededor de 5 minutos hasta que la sopa se reduzca ligeramente. Apague la estufa y deje enfriar la sopa por alrededor de 10 minutos.

5. Vierta un tercio de la sopa en un vaso de licuadora utilizando una cuchara sopera. Tape el vaso y pulse varias veces para liberar el calor de la sopa, y luego licue hasta que quede suave. Pase la sopa licuada a una olla limpia. Repita con otro

continuado

tercio de la sopa. Antes de licuar el último tercio, añada la cucharadita de sal y la cucharadita de pimienta restantes, y la crema espesa, en caso de que desee usarla.

6. Hierva la sopa en la olla y apague el fuego. Agregue el maíz tostado restante y vierta la sopa en seis tazones. Esparza la cucharada de cilantro restante en los platos y sirva de inmediato.

HUEVOS PERICOS

Para 4 personas

8 huevos grandes

3 cucharadas de leche

1 cucharadita de sal kosher

2 cucharadas de aceite vegetal

½ cebolla pequeña, finamente picada

1 tomate pequeño, sin semillas y finamente picado

¼ de taza de queso *cheddar* rallado

2 cebollines, sólo la parte blanca y la verde clara, finamente picados

¼ de taza de cilantro fresco, finamente picado

½ taza de queso fresco rallado

Cuando éramos niños, mi hermano y yo preparábamos con orgullo estos huevos revueltos para mamá en el Día de la Madre, y los he hecho para el desayuno o la cena por lo menos mil veces desde entonces. Los huevos se revuelven primero con cebolla y tomate, y luego se les agrega mucho cilantro y cebollines. Aunque es poco tradicional, el queso *cheddar* rallado da a los huevos un rico toque adicional. Un puñado generoso de queso fresco espolvoreado por encima antes de servir le añade una maravillosa acidez.

1. Bata los huevos, la leche y la sal en un tazón grande y deje a un lado.

2. Caliente el aceite vegetal en una sartén grande antiadherente a fuego medio. Añada la cebolla y los tomates y cocine por alrededor de 5 minutos revolviendo con frecuencia, hasta que las cebollas estén transparentes y los tomates hayan soltado su jugo.

3. Vierta la mezcla de huevo sobre los vegetales y, agitando constantemente con una cuchara de madera, revuelva durante 3 a 4 minutos hasta que esté todo bien cocinado. Añada el queso *cheddar* y revuelva hasta que se derrita. Apague el fuego y agregue los cebollines y el cilantro. Distribuya los huevos en cuatro platos, espolvoree con el queso fresco y sirva.

CREMITA DI APIO

12 tazas de Caldo de pollo (página 211) o de caldo de pollo comprado

1 libra de puchero o de carne de estofado sin huesos, cortada en pedazos de 1 pulgada

2 libras de apio-nabo, pelado y cortado en trozos de 1 pulgada

2 zanahorias, picadas en trozos grandes

2 tallos de apio, picados en trozos grandes

1 cebolla amarilla grande, picada en trozos grandes

1¼ tazas de hojas enteras de cilantro

1 taza de Sofrito básico (página 202)

1 cucharada de sal kosher

¼ de taza de crema espesa

1 cucharada de perejil liso fresco, finamente picado

1 cucharada de tomillo fresco, finamente picado

En Venezuela, cuando quieres cocinar algo especial para una reunión familiar, preparas una hermosa y elegante crema de apio-nabo. El apio-nabo, también llamado raíz de apio, tiene un sabor suave, a medio camino entre las chirivías (o pastinacas) y el apio; es delicado y fuerte a la vez. Sirva esta sopa acompañada de una hogaza de pan crujiente.

1. Hierva el caldo de pollo, la carne de res, el apio-nabo, las zanahorias, el apio, las cebollas y 1 taza de hojas de cilantro en una olla grande a fuego alto. Cocine por 5 minutos y luego reduzca el fuego a medio-bajo. Siga cocinando por alrededor de 15 minutos hasta que la carne esté tierna y los vegetales estén suaves.

2. Agregue el sofrito y la sal, cocine por 1 minuto y luego apague el fuego. Deje enfriar la sopa por 20 minutos.

3. Añada la crema, el perejil y el tomillo. Vierta un tercio de la sopa en un vaso de licuadora y licue por alrededor de 3 minutos hasta que la mezcla esté muy suave y aireada. Vierta el puré en una olla limpia y repita con la sopa restante en dos adiciones. Divida la sopa en seis tazones, termine con un poco de cilantro y sirva de inmediato.

AREPAS RELLENAS *con* REINA PEPIADA

Para 16 arepas rellenas

2 tazas de pollo cocinado y desmenuzado (alrededor de ¹/₂ pollo asado)

1 cebolla amarilla grande, finamente picada

³/₄ de taza de mayonesa baja en grasa

2 cucharadas de jugo de limón amarillo fresco

¹/₂ taza de cilantro fresco, finamente picado

Sal kosher y pimienta negra recién molida

1 aguacate Hass, partido a la mitad, sin semilla, pelado y finamente picado

16 arepas venezolanas (página 30) recién hechas

El pollo desmenuzado mezclado con aguacate y con un toque de mayonesa se llama reina pepiada; en Suramérica es un ingrediente popular para rellenar arepas y una comida deliciosa a cualquier hora. Utilice las sobras de pollo al horno, del pollo asado o incluso del Caldo de pollo (vea la página 211). El aguacate le da una textura cremosa y agradable. Si no tiene tiempo para hacer arepas, esparza el relleno en un pan plano, dentro de un pan pita o en su pan de molde favorito.

1. Coloque el pollo en un tazón grande. Añada la cebolla, la mayonesa, el jugo de limón amarillo, el cilantro, la sal y la pimienta al gusto, y revuelva para mezclar. Incorpore suavemente el aguacate, pruebe y rectifique la sazón si es necesario.

2. Abra una ranura en el borde superior de cada arepa y deslice suavemente un cuchillo de cocina en la arepa, creando un bolsillo. Introduzca la ensalada de pollo en las arepas y sirva.

NUEVO ARROZ CON POLLO

Para 6 personas

1 cebolla amarilla grande, finamente picada

5 cucharadas de aceite de oliva extra virgen, más 2 cucharadas si es necesario

1 cucharada de salsa inglesa

2 cucharaditas de sal kosher

1 cucharadita de pimienta negra recién molida

15 dientes de ajo, picados en pedazos muy pequeños

1 pollo de 3$\frac{1}{2}$ a 4 libras de peso, cortado en 8 presas, sin la piel

1 taza de granos de maíz fresco (alrededor de 1 mazorca)

3 tallos de apio, cortado transversalmente en rodajas de $\frac{1}{2}$ pulgada de grosor

2 cucharadas de pasta de tomate

2 papas grandes *Yukon gold*, peladas y cortadas en cubos de $\frac{1}{2}$ pulgada

4 zanahorias grandes, picadas

2 tazas de arroz integral de grano largo

2$\frac{1}{2}$ tazas de Caldo de pollo (página 211) o de caldo de pollo comprado

2 tazas de cerveza *ale* o *lager*

2 tazas de hojas de cilantro fresco

$\frac{1}{2}$ taza de pimentón rojo asado, en tiras finas

$\frac{1}{2}$ taza de arvejas congeladas

3 cebollines, sólo la parte color verde claro, cortados en rodajas finas

Tengo recuerdos vívidos de cuando era niña y veía a mi mamá y a mi abuela cortar un pollo para hacer el arroz con pollo y frotar el ave con jugo de limón amarillo para darle un maravilloso acento cítrico antes de llevarlo a la cacerola. Aquí, llevo el sabor un paso más allá, marinando el pollo en la cebolla, el ajo y la salsa inglesa para potenciarlo desde adentro. Luego, el plato se cocina en un estilo similar al de la paella: se dora el pollo con los vegetales y la pasta de tomate en una olla para realzar su dulzor antes de añadir el arroz integral, el caldo de pollo y la cerveza para cocinarlo. Todo el plato se cocina junto y se transforma en una versión con un sabor más profundo y robusto que el de la versión clásica.

1. Tome alrededor de una cuarta parte de la cebolla picada y pique aún más finamente para obtener 2 cucharadas de cebolla (reserve la cebolla restante para más adelante). Vierta 2 cucharadas del aceite de oliva, la salsa inglesa, la sal y la pimienta negra en una bolsa plástica resellable con capacidad de 1 galón. Añada la cebolla en pedazos muy pequeños y tres cuartas partes de los ajos, selle la bolsa y luego agítela vigorosamente para mezclar los ingredientes. Introduzca el pollo en la bolsa, agítela para recubrirlo con el adobo, selle la bolsa y refrigere por al menos 1 hora o durante toda la noche.

2. Caliente a fuego alto las 3 cucharadas restantes de aceite de oliva en una olla grande de fondo grueso o en una de hierro fundido. Retire el pollo del adobo y lleve a la sartén (deseche el adobo). Cocine de 6 a 8 minutos por cada lado hasta que el pollo esté dorado. Pase el pollo a un plato o bandeja para hornear con bordes y cubierta con papel toalla, y deje a un lado.

3. Añada a la sartén la cebolla reservada y hasta 2 cucharadas más de aceite de oliva si es necesario, y cocine durante 1 minuto. Agregue el maíz, el apio, el ajo restante, la pasta de tomate y cocine por alrededor de 1 minuto hasta que el ajo esté fragante. Añada las papas y las zanahorias y cocine por alrededor de 3 minutos revolviendo frecuentemente, hasta que estén recubiertas con la pasta de tomate y el fondo de la cacerola esté pegajoso.

4. Vierta el arroz en los vegetales y luego introduzca el pollo en la sartén. Agregue el caldo de pollo con cerveza y el cilantro, y hierva. Reduzca el fuego a medio-alto y cocine la mezcla por alrededor de 5 minutos hasta que se reduzca ligeramente. Cubra la olla, reduzca el fuego a bajo y cocine por alrededor de 35 minutos hasta que el arroz esté cocinado.

5. Destape la olla y coloque cuidadosamente las tiras de pimentón rojo encima. Esparza las arvejas sobre los pimentones en una capa uniforme, tape la olla de nuevo y cocine durante 1 hora más. Destape, espolvoree los cebollines por encima y sirva.

YUCA *con* MOJITO DE AJO Y HIERBAS

Para 6 personas

1½ libras de yuca, pelada, partida a la mitad y a lo largo, y luego en pedazos de 1 pulgada de largo, en sentido transversal

¼ de taza de aceite de oliva extra virgen

1 cucharada de mantequilla sin sal

6 dientes de ajo, picados en pedazos muy pequeños

2 cucharadas de cilantro fresco, finamente picado

1 cucharada de tomillo fresco, finamente picado

1 cucharada de perejil liso fresco, finamente picado

½ limón amarillo

1 cucharadita de sal kosher

½ cucharadita de pimienta negra recién molida

Mientras que los estadounidenses conocen al mojito como una bebida de ron dulce y menta originaria de Cuba, en Suramérica un mojito es el nombre de una vinagreta maravillosamente pungente y deliciosa elaborada con ajos, hierbas y cítricos. Se sirve a menudo para acompañar yuca o tostones fritos, pero aquí se combina con la textura delicada y el sabor a nuez de las yucas blanqueadas. Esta receta lleva jugo de limón amarillo y una combinación de cilantro, tomillo y perejil, pero no dude en adaptar la receta a lo que tenga en su casa; desde naranjas rojas o vinagre de champaña a albahaca, menta o cebollín. Este plato es excelente con carne a la parrilla o con pollo asado.

1. Llene con agua una olla o cacerola grande a tres cuartos de su capacidad. Agregue la yuca y hierva a fuego alto. Reduzca el fuego a medio-bajo y cocine de 15 a 20 minutos hasta que la yuca esté tierna. Escurra en un colador, pase la yuca a un plato poco profundo y deje a un lado.

2. Caliente el aceite de oliva con la mantequilla en una sartén pequeña a fuego medio-alto. Cuando la mantequilla se derrita, apague el fuego y añada el ajo, el cilantro, el tomillo y el perejil, incorporando con la mezcla de mantequilla derretida para atemperar el ajo y suavizar las hierbas. Vierta el mojito en la yuca y luego exprima el limón amarillo por encima. Espolvoree la yuca con sal y pimienta, y sirva.

ENSALADA DE LENTEJAS NEGRAS Y PIMENTONES CON MENTA FRESCA

Para 4 personas

- 1 taza de lentejas negras beluga
- 2 cucharaditas de sal kosher
- ¼ de pimentón verde, finamente picado
- ¼ de pimentón rojo, finamente picado
- ¼ de pimentón amarillo, finamente picado
- ½ cebolla roja pequeña, finamente picada
- 2 cucharadas de aceite de oliva extra virgen
- 1 cucharada de jugo de limón amarillo fresco
- ½ cucharadita de pimienta negra recién molida
- ¼ de taza de cilantro fresco, finamente picado
- 1½ cucharaditas de menta fresca, finamente picada

El 31 de diciembre de cada año me como un plato de lentejas a medianoche para la buena suerte y la abundancia en el nuevo año. Las lentejas tienen un papel muy importante en la dieta de los venezolanos y a menudo las comemos solas, con un tazón de arroz blanco al lado. En este plato sigo ese principio de simplicidad, pero añado todo tipo de colores vibrantes y sabores —como menta fresca, jugo de limón amarillo y cilantro (¡por supuesto!)— para darle carácter a la ensalada. Este es un delicioso acompañamiento para pescados o carnes, o un excelente plato principal sin carne. Puede hacer las lentejas con antelación y guardarlas unos días en el refrigerador. Añada el resto de los ingredientes antes de servir y disfrute de los deliciosos resultados.

1. Coloque un recipiente con agua helada en la superficie de trabajo. Hierva agua en una olla grande. Añada las lentejas y la sal, vuelva a hervir, reduzca el fuego a medio-bajo y cocine a fuego lento por alfrededor de 25 minutos hasta que las lentejas estén tiernas. Pase por un colador de malla fina y luego vierta las lentejas (sin sacarlas del colador) en el agua helada para enfriarlas. Retire, sacuda el exceso de agua y repita si es necesario hasta que las lentejas estén completamente frías. Vierta las lentejas en un tazón grande. Añada los pimentones y la cebolla y revuelva para mezclar.

2. Mezcle el aceite de oliva, el jugo de limón amarillo y la pimienta negra en un tazón pequeño. Agregue el cilantro y la menta y luego vierta la mezcla sobre las lentejas. Revuelva para mezclar y sirva de inmediato o refrigere hasta por 4 días. La ensalada se puede servir fría o a temperatura ambiente.

LAS ESTRELLAS:
ÉXITOS DE RESTAURANTES, PREPARADOS EN CASA

Aunque paso la mayor parte del tiempo en la cocina de mi casa, de corazón soy una cocinera de restaurante. Me encanta estar allí: la presión, el caos, el hecho de cocinar. Cuando abrí mi primer restaurante, un pequeño lugar de ocho mesas en el Distrito de Diseño de Miami, tenía un presupuesto limitado, no tenía inversionistas y tenía mucho corazón y ambición. Recuerdo que fui a las empresas locales, una por una, tocando literalmente en sus puertas e invitando personalmente a la gente para que fuera a comer a mi restaurante.

Después de seis meses de pasar largas horas frente a la estufa, podía contar con una cola de gente afuera de la puerta, esperando una mesa. Pronto pasé de ocho a catorce mesas y luego a un espacio nuevo y más grande. Pero cuando empecé a pasar más tiempo en un estudio de televisión que en mi cocina, grabando *El arte del buen gusto*, *Cocine y Sazón con Lorena García*, en lugar de contratar a alguien para que se hiciera cargo, decidí retirarme del negocio de los restaurantes. Ahora que Lorena García Cocina, mi restaurante de comida rápida, casual y saludable, está en marcha y funcionando en el aeropuerto de Miami, estoy emocionada de haber encontrado un feliz término medio.

Los platos de este capítulo representan mis creaciones alegres y personales, como la sopa de plátano cremosa y sabrosa, el suculento *filet mignon* enriquecido con maracuyá semiglaseado y queso azul y las costillas estofadas increíblemente decadentes pero reconfortantes con salsa de laurel y grosellas. Cada plato es único y hace hincapié en grandes sabores con un toque latino, y todos son lo suficientemente sencillos para preparar una comida entre semana o una de fin de semana disfrutada con amigos.

RISOTTO *con* NUECES CARAMELIZADAS *y* ALBARICOQUES FRESCOS

Para 6 personas

PARA LAS NUECES

- ¼ de taza de Caldo de pollo (página 211) o de caldo de pollo comprado
- 1 cucharada de jugo de limón amarillo fresco
- 3 cucharadas de azúcar
- ½ taza de nueces en mitades

PARA EL RISOTTO

- 2 cucharadas de mantequilla sin sal
- 1 taza de albaricoques frescos finamente picados
- 1½ cucharadas de azúcar
- 3 tazas de Caldo de pollo (página 211) o de caldo de pollo comprado
- 1 cucharada de aceite de oliva extra virgen
- 1 chalote, picado en pedazos muy pequeños
- 6 dientes de ajo, picados en pedazos muy pequeños
- 1 taza de arroz arborio
- ½ taza de vino blanco seco (pinot grigio o similares)
- ½ taza de queso parmesano-reggiano rallado
- 6 hojas pequeñas de albahaca fresca

Con oleadas de dulzura, crocante y un final de queso afrutado, este rico risotto es mi versión de un plato de queso. Es muy decadente y es mejor compartirlo entre pocas personas, ya sea como un pequeño aperitivo o como un *hors d'oeuvre* (intente poner un poco en distintas cucharas y colóquelas en una bandeja). Haga este plato en verano, cuando los albaricoques frescos están en su mejor momento. Para una comida más sustancial, añada un poco de pechuga de pollo a la parrilla o salteada, desmenuzada o en tiras finas.

1. Forre un plato con papel pergamino o encerado y déjelo a un lado.

2. Para caramelizar las nueces, vierta el caldo de pollo en una sartén pequeña. Añada el jugo de limón amarillo, el azúcar, las nueces y hierva a fuego alto. Cocine de 3 a 4 minutos revolviendo con frecuencia, hasta que el líquido se evapore y las nueces estén caramelizadas y pegajosas. Vierta de inmediato las nueces en el plato cubierto con papel. Deje enfriar completamente, por alrededor de 20 minutos.

3. Para hacer el risotto, derrita la mantequilla en una sartén mediana a fuego medio. Añada los albaricoques y el azúcar y cocine por alrededor de 5 minutos revolviendo ocasionalmente, hasta que los albaricoques estén dorados. Deje a un lado.

4. Vierta el caldo de pollo en una cacerola mediana y caliente a fuego medio. Cuando el caldo esté caliente, reduzca el fuego a bajo y tape la cacerola. Caliente el aceite de oliva a fuego medio-alto en una olla grande de fondo grueso. Añada los chalotes, el ajo, el arroz, el vino blanco y cocine por alrede-

continuado

dor de 3 minutos revolviendo con frecuencia, hasta que el líquido se evapore.

5. Añada a la mezcla de arroz 1 taza de caldo de pollo calentado, revolviendo constantemente de 3 a 5 minutos, hasta que el arroz absorba por completo el caldo. Repita dos veces, revolviendo el arroz entre las adiciones y deje que absorba todo el caldo antes de añadir la próxima taza. El arroz deberá estar tierno. Retire del fuego y añada el queso parmesano-reggiano.

6. Divida el risotto en seis platos. Decore con 1 cucharada de albaricoques y unas pocas nueces. Compacte las hojas de albahaca, enrolle en forma de cilindro y luego corte en tiras finas en sentido transversal y espolvoree sobre el risotto.

¿Sabía que...?

Comer frutas cuando están en su apogeo de temporada es el mejor momento para probar sus sabores más plenos y dulces. Cuando los albaricoques no están en temporada, este risotto es igualmente delicioso con otras frutas como las manzanas, las peras o incluso con calabaza butternut.

TORTAS TROPICALES DE CANGREJO

Para 8 tortas de cangrejo

3   cucharadas de aceite de oliva extra virgen

2   tiras de tocino de pavo, picadas en trozos pequeños

1   taza de Sofrito básico (página 202)

3/4   de taza de granos de maíz fresco (de 1 mazorca)

1   cucharada de cilantro fresco, finamente picado

1/2   cucharadita de comino en polvo

1/2   cucharadita de pimentón dulce

2   cucharadas de vino blanco seco (sauvignon blanc o similares)

1   taza de carne de cangrejo fresca (alrededor de 1/2 libra)

1/3   de taza de mayonesa baja en grasa

1   cucharada de mostaza Dijon

1   cucharada de jugo de limón amarillo fresco

1/4   de taza de migas de pan seco y sin sazonar

1   cucharadita de sal kosher

1/2   cucharadita de pimienta negra recién molida

1   taza de suero de leche (*buttermilk*)

1   huevo grande

2   tazas de migas de pan panko

1/4   de taza de Vinagreta tropical de maracuyá (página 75)

Este aperitivo favorito es renovado de manera ligera y con un toque latino al incluir algunos ingredientes esenciales: un sofrito de tomates, cebolla y pimentones cocinados, y un poco de tocino dorado de pavo. La vinagreta de maracuyá, vivaz y penetrante, infunde un sabor exótico y vivo a las tortas de cangrejo, que saben mejor si son acompañadas con una mayonesa espesa a base de salsa para untar. Para mantener el sabor fresco, comience por freír las tortas de cangrejo en una sartén y luego páselas al horno, donde se terminarán de cocinar obteniendo una textura crujiente.

1.   Vierta 1 cucharada del aceite de oliva y el tocino de pavo en una sartén grande y cocine de 2 a 3 minutos a fuego alto hasta que el tocino empiece a derretirse y oscurecerse. Agregue el sofrito, el maíz, el cilantro, el comino y el pimentón. Vierta el vino blanco, hierva a fuego lento por alrededor de 2 minutos y cocine hasta que el vino se reduzca ligeramente. Retire del fuego, pase a un tazón grande y deje enfriar a un lado durante 10 minutos.

2.   Añada la carne de cangrejo a la base de tocino sofrito y revuelva con suavidad, tratando de no romper los trozos más grandes de la carne de cangrejo.

3.   Bata la mayonesa, la mostaza y el jugo de limón amarillo en un tazón pequeño y luego agréguela a la mezcla de cangrejo, revolviendo suavemente para mezclar. Añada el pan rallado sin sazonar, la sal y la pimienta.

4.   Saque 1/4 de taza colmada de la mezcla de cangrejo, forme una bola (sin apretar mucho) y luego aplane ligeramente. Deje la torta de cangrejo a un lado y repita con el resto de la mezcla de cangrejo.

continuado

5. Bata el suero de leche y el huevo en un tazón mediano. Coloque las migas de pan panko en un plato poco profundo. Sumerja por ambos lados la torta de cangrejo en la mezcla de suero y luego pase la torta de cangrejo por el panko, cubriendo uniformemente ambos lados. Coloque la torta de cangrejo empanizada en un plato grande y repita la operación con las tortas restantes. Cubra el plato con papel plástico y refrigere las tortas de cangrejo por un mínimo de 20 minutos o hasta por 1 día.

6. Precaliente el horno a 400°F.

7. Caliente las 2 cucharadas restantes de aceite de oliva a fuego medio-alto en una sartén grande y antiadherente. Añada las tortas de cangrejo y cocine por alrededor de 4 minutos hasta que se doren. Dé vuelta las tortas y dore el otro lado por alrededor de 4 minutos más. Apague el fuego y pase las tortas a una bandeja con bordes para hornear.

8. Hornee las tortas de cangrejo de 20 a 25 minutos hasta que estén doradas y crujientes. Sírvalas calientes con un chorrito de vinagreta de maracuyá.

SOPA CREMOSA DE PLÁTANOS MADUROS

Para 6 personas

Aceite vegetal en aerosol para cocinar

3 plátanos maduros, pelados y cortados en trozos de 1¹/₂ pulgadas

2 cucharadas de aceite de oliva extra virgen

1 cebolla amarilla pequeña, cortada en pedazos grandes

1 zanahoria, cortada en pedazos grandes

1 tallo de apio, cortado en pedazos grandes

2 calabazas de verano amarillas pequeñas, sin las puntas y cortadas en rodajas finas

3 tazas de Caldo de pollo (página 211) o de caldo de pollo comprado

1 cucharada de sal kosher, y más para rectificar

1 cucharadita de pimienta negra recién molida, y más para rectificar

2 tazas de leche baja en grasa

¹/₄ de taza de hojas de cilantro fresco

Chips de plátano comprados (opcional)

Los Plátanos maduros (página 206) son un acompañamiento tradicional suramericano en el que los plátanos se cortan del tamaño de un bocado y se fríen hasta que estén dorados, dulces como la miel y tan tiernos como la crema. Deliciosos por su toque acaramelado, incorporo el sabor de los plátanos maduros fritos a esta sopa cremosa (aunque sin crema). La serví inicialmente en mi restaurante Miami Food Café. Los plátanos parecen bananas grandes. Cuando no están maduros, son de color verde y tienen un textura salada, semejante a la de la papa, y un sabor como el de las bananas. A medida que maduran, se vuelven muy amarillos y luego comienzan a ennegrecer. Así es como usted puede saber que están dulces y pegajosos debajo de la cáscara gruesa.

1. Precaliente el horno a 350°F. Cubra con papel aluminio una bandeja para hornear con bordes y engrase ligeramente, usando aceite vegetal antiadherente en aerosol.

2. Coloque los plátanos en el papel aluminio. Hornee por alrededor de 40 minutos hasta que estén dorados. Retire del horno y deje enfriar.

3. Caliente el aceite de oliva en una olla grande a fuego medio. Añada la cebolla, las zanahorias y el apio y cocine por alrededor de 2 minutos revolviendo una o dos veces, hasta que comiencen a ablandarse. Agregue la calabaza y cocine por alrededor de 3 minutos hasta que esté tierna, revolviendo de vez en cuando. Vierta el caldo de pollo y añada la sal y la pimienta. Aumente el fuego a alto, hierva el caldo, reduzca el fuego a medio-bajo y cocine por alrededor de 10 minutos hasta que todos los vegetales estén muy suaves. Apague el fuego y deje enfriar la sopa durante 10 minutos.

continuado

4. Coloque la mitad de los plátanos cocinados en un vaso de licuadora. Use una espumadera para agregar casi la mitad de la mezcla de calabaza a la licuadora. Añada la mitad del caldo y 1 taza de la leche. Tape la licuadora y licue los ingredientes pulsando para liberar un poco del calor. Licue hasta que la mezcla esté completamente suave y luego vierta el puré en una olla limpia. Repita el procedimiento con el resto de los plátanos, la mezcla de calabaza, el caldo y la leche.

5. Hierva la sopa a fuego medio-alto, reduzca el fuego a bajo, tape la olla y cocine a fuego lento durante 5 minutos. Sazone con sal y pimienta y vierta la sopa en seis platos. Decore con el cilantro y los *chips* de plátano, en caso de que desee usarlos, y sirva de inmediato.

¿Sabía que...?

Esta sopa es perfecta para utilizar una gran cantidad de sobras de plátanos maduros. Si no tiene sobras suficientes de la cena de la noche anterior, pida algunos plátanos a un restaurante suramericano. Omita los dos primeros pasos de la receta y comience salteando la cebolla, las zanahorias y el apio en aceite de oliva. Añada los plátanos cocinados a la licuadora siguiendo las instrucciones de la receta.

SOPA DE CALABAZA *BUTTERNUT*, COCO *y* LIMONARIA

Para 8 personas

1 calabaza *butternut* grande, pelada, partida por la mitad, sin semillas y picada en trozos de 1 pulgada

½ cucharadita de sal kosher

1 pizca de pimienta negra recién molida

2 cucharadas de aceite de oliva extra virgen

1 cucharada de mantequilla sin sal

2 cebollas amarillas grandes, picadas en trozos de 1 pulgada

2 zanahorias, rebanadas transversalmente en trozos de 1 pulgada

2 tallos de apio, rebanados transversalmente en trozos de 1 pulgada

2 puerros, sólo la parte blanca y la verde claro, partidos a lo largo por la mitad y picados finamente de manera transversal.

2 tallos de limonaria, sin las puntas

1 calabacín grande, sin las puntas, cortado a lo largo por la mitad y rebanado transversalmente en trozos de 1 pulgada

2 hojas de laurel

1 taza de vino blanco seco (pinot grigio o similares)

5 tazas de Caldo de pollo (página 211) o de caldo de pollo o vegetales comprado

1 lata de 15 onzas de leche de coco

1 manojo de cilantro fresco, picado en trozos grandes

1 cucharada de coco rallado y tostado (opcional)

Licuar esta sopa le da cuerpo y hace que la cremosidad natural del puré de calabaza sea incluso más ligera. Para un toque adicional de sabor a coco, agregue a la licuadora media taza de coco rallado y sin azúcar (cuele la sopa después de hacer el puré para obtener una textura super suave).

1. Precaliente el horno a 400°F. Cubra con papel aluminio una bandeja con bordes para hornear.

2. Coloque la calabaza en la bandeja, sazone con la sal y la pimienta y agregue 1 cucharada del aceite de oliva. Hornee por alrededor de 1 hora hasta que esté ligeramente caramelizada y un cuchillo de cocina se deslice fácilmente en un trozo de calabaza. Retire la calabaza del horno y deje enfriar.

3. Derrita la mantequilla a fuego medio-alto con la cucharada restante de aceite de oliva en una olla grande. Añada las cebollas, las zanahorias, el apio, los puerros, la limonaria, el calabacín, las hojas de laurel y la calabaza horneada y cocine de 8 a 10 minutos revolviendo con frecuencia, hasta que los vegetales se ablanden y se doren los bordes.

4. Vierta el vino blanco y hierva, revolviendo y raspando los pedacitos oscuros del fondo de la olla. Cuando casi todo el vino se haya evaporado, vierta el caldo de pollo y hierva. Reduzca el fuego a medio-bajo y cocine de 10 a 12 minutos hasta que los vegetales estén suaves. Apague el fuego y deseche la limonaria y las hojas de laurel. Deje enfriar la sopa durante 20 minutos.

5. Vierta la mitad de los vegetales y del caldo en un vaso de licuadora. Cubra y pulse varias veces para liberar el vapor.

continuado

Añada la mitad de la leche de coco y triture la mezcla hasta que esté completamente suave. Pase la sopa a una olla limpia. Repita con los vegetales, el caldo y la leche de coco restantes. Hierva la sopa a fuego alto, reduzca el fuego a medio-bajo y cocine por 5 minutos. Apague el fuego. Vierta la sopa en ocho platos y sirva con cilantro y coco tostado, en caso de que desee usarlo.

¿Sabía que...?

Para pelar la calabaza butternut *con mayor facilidad hay que cocinarla en el microondas. Parta la calabaza a lo largo, retire las semillas y coloque las mitades de calabaza en un plato para microondas, con el lado cortado hacia abajo. Cocine en lapsos de 1 minuto hasta que la calabaza esté un poco suave. Retírela del microondas y cuando esté lo suficientemente fría para manipularla, quite la piel con un cuchillo de pelar. Así podrá partirla con facilidad.*

SASHIMI DE ATÚN, AJONJOLÍ Y BALSÁMICO con MAYONESA DE WASABI y HOJAS VERDES TIPO BABY

Para 4 personas

PARA LA MAYONESA

- 3 cucharadas de mayonesa baja en grasa
- 2 cucharadas de pasta de wasabi
- 2 cucharadas de vinagre de arroz
- 2 dientes de ajo, picados en pedazos muy pequeños

PARA EL ATÚN

- 3/4 de taza de semillas de ajonjolí oscuro
- 3/4 de taza de semillas de ajonjolí claro
- 4 filetes de atún para sushi de 6 onzas
- 1 1/2 cucharaditas de aceite vegetal
- 3 tazas de hojas verdes tipo *baby*
- 3/4 de taza de Nueces caramelizadas (página 212)
- 3/4 de taza de Vinagreta de balsámico (página 74)
- 1 pizca de sal kosher
- 1 pizca de pimienta negra recién molida
- 1 taza de crema balsámica embotellada

El sabor avinagrado y a uva del vinagre balsámico, rociado sobre el atún sellado antes de servirlo, funciona con el sabor a nuez de las semillas de ajonjolí y el picante de la mayonesa de wasabi. Las texturas de este plato también se complementan perfectamente con la cobertura delicada y crujiente del ajonjolí que tiene el atún, y con el crocante de las nueces caramelizadas de la ensalada. La mayonesa de wasabi puede refrigerarse hasta por una semana.

1. Para hacer la mayonesa de wasabi, mezcle la mayonesa, la pasta de wasabi, el vinagre de arroz, el ajo y 1 cucharada de agua en un tazón pequeño. Cubra el recipiente con papel plástico y refrigere (se puede preparar hasta con 1 semana de antelación).

2. Para hacer el atún, mezcle las semillas blancas y negras de ajonjolí en un tazón o plato de pastelería poco profundo. Coloque el atún en las semillas de ajonjolí y presione suavemente hacia abajo para que las semillas de ajonjolí se adhieran al pescado y cubran completamente la superficie. Repita el procedimiento por el otro lado.

3. Caliente el aceite vegetal en una sartén grande a fuego alto. Añada el atún a la sartén y cocine cada lado por un total de alrededor de 4 minutos hasta que las semillas de ajonjolí se tuesten y estén fragantes (es deseable que el atún quede poco hecho en el medio). Pase el atún a una tabla de cortar y deje enfriar mientras prepara la ensalada.

4. Coloque los vegetales en un tazón mediano, agregue las nueces y mezcle con la vinagreta, la sal y la pimienta.

5. Corte el atún transversalmente en pedazos de 1/4 de pulgada de grosor, y coloque en cada plato. Finalice con un poco de ensalada y luego vierta una cucharada de la mayonesa de wasabi a un lado de cada plato. Rocíe con la crema balsámica y sirva.

ENSALADA DE CAMARONES FRÍOS Y MAÍZ PERUANO

Para 4 personas

PARA LOS CAMARONES

- 1 limón amarillo, cortado en cascos
- 16 camarones jumbo (alrededor de 1 libra), pelados y desvenados

PARA LA ENSALADA DE MAÍZ

- 1 taza de maíz peruano o de maíz dulce fresco o congelado (y luego descongelado)
- 1/2 taza de jícama finamente picada
- 1 jalapeño mediano, partido a la mitad y luego en pedazos pequeños (sin semillas ni venas, para disminuir el picor)
- 2 cucharadas de cilantro fresco, finamente picado
- 2 cucharadas de menta fresca, finamente picada
- 1 cucharada de aceite de oliva extra virgen

  Ralladura de limón, más 1 cucharada de jugo de limón fresco

- 1/2 cucharadita de sal kosher
- 1/2 cucharadita de pimienta negra recién molida

  Salsita picante de guasacaca (página 194)

En Perú se cultivan más de cincuenta variedades de maíz. La variedad conocida como maíz peruano tiene granos grandes y una agradable textura crujiente. Lo puede encontrar congelado en los mercados latinos o puede utilizar el maíz dulce y fresco de su área. La guasacaca es la versión venezolana del guacamole. Al igual que este, se hace con aguacates e incluye jalapeños, cebolla y ajo. Se sirve semitroceado o puede machacarse hasta que esté suave para ser utilizado como una salsa.

1. Coloque un recipiente grande de agua helada en el área de trabajo. Llene una cacerola mediana con 2 tazas de agua. Añada los cascos de limón y hierva a fuego alto. Reduzca a fuego lento, coloque una canasta de vapor en la cacerola y vierta los camarones en la canasta. Cubra la cacerola y cocine los camarones por alrededor de 3 minutos hasta que estén rosados y opacos. Utilice unas pinzas para pasar los camarones al agua helada y detener el proceso de cocción. Cuando los camarones estén completamente fríos, retírelos del agua helada y colóquelos en un recipiente mediano. Déjelos a un lado.

2. Coloque el maíz en un tazón mediano y agregue la jícama, el jalapeño, el cilantro y la menta, revolviendo para mezclar. Bata el aceite, el jugo de limón, la sal y la pimienta negra en un tazón pequeño y vierta el aderezo sobre la mezcla de maíz. Revuelva para combinar y deje a un lado.

3. Coloque la guasacaca en el tazón de un procesador de alimentos y triture hasta que esté completamente suave, raspando los lados y el fondo del tazón si es necesario.

4. Divida el puré de guasacaca en cuatro platos, extiéndalo uniformemente con el respaldo de una cuchara. Termine con 1/4 de taza de la ensalada de maíz, 4 camarones y un poco de ralladura de limón. Sirva de inmediato.

ENSALADA COBB «DIOSA VERDE»

Para 4 personas

1/3 de taza de mayonesa baja en grasa, más 2 cucharadas

1/4 de taza de hojas de cilantro fresco, finamente picadas

1/4 de taza de queso parmesano-reggiano

2 cucharaditas de vinagre blanco

1 1/2 cucharaditas de jugo de limón fresco

1/2 cucharadita de mostaza Dijon

1/2 diente pequeño de ajo

1/8 de cucharadita de sal kosher

1 pizca de pimienta negra recién molida

4 tazas de hojas verdes tipo *baby*

1/2 taza de Nueces caramelizadas (página 212)

En vez de terminar la ensalada con fresas, moras o frambuesas, termínela con ingredientes más tradicionales de la ensalada Cobb como huevos duros, tocino frito crujiente y desmenuzado, tomates y aguacate picados.

1. Vierta la mayonesa, el cilantro, el queso parmesano, el vinagre, el jugo de limón, la mostaza, el ajo, la sal, la pimienta y 1 1/2 cucharaditas de agua en el vaso de una licuadora. Cubra y licue hasta que la mezcla esté completamente suave.

2. En un tazón grande, rocíe suavemente las hojas verdes con el aderezo. Divida las hojas en los cuatro platos, amontonándolas en el centro. Espolvoree 2 cucharadas de las nueces sobre cada porción y sirva.

La vinagreta perfecta para cualquier ensalada

Una vinagreta casera es sencilla, barata y rápida de hacer, ya sea para aderezar una ensalada de hojas verdes, vegetales a la parrilla, mariscos o carnes. Las siguientes son las que hago más a menudo. Mantengo siempre una o dos en el refrigerador para completar comidas rápidas de último minuto. Todas se pueden refrigerar en un recipiente tapado, por un máximo de tres días.

VINAGRETA DE BALSÁMICO

Para alrededor de 1$\frac{1}{2}$ tazas

$\frac{1}{2}$ taza de vinagre balsámico

6 cucharadas de miel

1 cucharada de mostaza Dijon

$\frac{1}{2}$ cucharadita de sal kosher

$\frac{1}{4}$ de cucharadita de pimienta negra recién molida

3 cucharadas de aceite de oliva extra virgen

Vierta el vinagre balsámico, la miel, la mostaza, la sal y la pimienta en un vaso de licuadora, tape y licue a velocidad alta. Detenga la licuadora, retire la tapa y licue a velocidad media mientras vierte lentamente el aceite de oliva. Añada $\frac{1}{4}$ de taza de agua y mezcle para combinar. Vierta la vinagreta en un recipiente hermético o en un frasco de vidrio y refrigere. Agite bien antes de usar.

VINAGRETA FUERTE DE CÍTRICOS

Para alrededor de 2 tazas

2 cucharadas de mostaza Dijon

6 cucharadas de miel de agave

6 cucharadas de jugo de limón amarillo fresco (de 2 limones amarillos)

6 cucharadas de jugo de naranja fresco (de 1$\frac{1}{2}$ naranjas)

6 cucharadas de aceite de oliva extra virgen

1 cucharada de sal kosher

1 cucharada de pimienta negra recién molida

Mezcle la mostaza, la miel de agave, el jugo de limón amarillo y de naranja en un tazón mediano. Mientras bate, incorpore lentamente el aceite de oliva y luego agregue la sal y la pimienta. Vierta la vinagreta en un recipiente hermético o en un frasco de vidrio y refrigere. Agite bien antes de usar.

VINAGRETA TROPICAL DE MARACUYÁ

Para alrededor de 2 tazas

1 taza de jugo de mango

1 taza de jugo de naranja fresco

1 taza de jugo de maracuyá

2 cucharaditas de granos enteros de pimienta rosada

2 cucharadas de miel de agave

2 cucharadas de mostaza Dijon

3 cucharadas de vinagre de champaña

6 cucharadas de aceite de oliva extra virgen

2 cucharaditas de sal kosher

1. Vierta los jugos de mango, de naranja y de maracuyá en una cacerola mediana. Agregue los granos de pimienta y hierva a fuego medio. Reduzca el fuego a medio-bajo y cocine de 20 a 25 minutos hasta que el líquido se reduzca a la mitad. Deje enfriar a temperatura ambiente.

2. Incorpore la miel de agave y la mostaza a la mezcla de los jugos y luego añada el vinagre. Mientras bate, incorpore lentamente el aceite de oliva y después añada la sal. Vierta la vinagreta en un recipiente hermético o en un frasco de vidrio y refrigere. Agite bien antes de usar.

VINAGRETA DE NARANJA ROJA

Para alrededor de 2 tazas

1 taza de jugo de naranja roja (de 2 naranjas rojas)

2 cucharadas de jugo de limón amarillo fresco

2 cucharadas de vinagre de arroz

1 chalote pequeño, finamente picado

2 cucharaditas de azúcar

½ taza de aceite de oliva extra virgen

1 cucharadita de sal kosher

½ cucharadita de pimienta negra recién molida

Mezcle el jugo de naranja roja, el jugo de limón amarillo y el vinagre de arroz en un tazón mediano. Añada los chalotes y el azúcar y mezcle hasta que el azúcar se disuelva. Mientras bate, rocíe lentamente el aceite de oliva y luego agregue la sal y la pimienta. Vierta la vinagreta en un recipiente hermético o en un frasco de vidrio y refrigere. Agite bien antes de usar.

SALMÓN A LAS TRUFAS SOBRE
PLÁTANOS ASADOS

Para 4 personas

PARA LA MANTEQUILLA DE TRUFAS

- 4 cucharadas (¹/₂ barra) de mantequilla sin sal, a temperatura ambiente
- 2 cucharadas de aceite de trufas negras
- 1 cucharada de trufas negras en rodajas, frescas o envasadas

PARA LOS PLÁTANOS

- 1 plátano maduro completamente negro, pelado y cortado en tajadas finas en sentido transversal
- 2 cucharadas de aceite de oliva extra virgen
- ¹/₂ cucharadita de sal kosher
- 1 pizca de pimienta negra recién molida

PARA EL SALMÓN

- 4 filetes de salmón de 6 onzas
- 1 cucharadita de sal kosher
- ¹/₂ cucharadita de pimienta negra recién molida
- ¹/₂ cucharadita de aceite vegetal
- ¹/₂ taza de vino blanco seco (pinot grigio o similares)
- ¹/₂ taza de Caldo de pollo (página 211) o de caldo de pollo comprado

Una de mis formas favoritas de hacer una comida elegante y sencilla es con una combinación de mantequilla: mantequilla suavizada y mezclada con aromas, especias, ralladura de cítricos, hierbas o, como en este caso, trufas ultra indulgentes. Para darle un sabor más robusto, añada un poco a vegetales frescos asados, a un pescado sellado a la parrilla, a una simple presa de pollo sellada en la estufa, a una pasta o incluso para terminar un risotto o una salsa. Mantenga diversas variedades en el refrigerador o en el congelador (se mantiene fresca hasta por cinco días en el refrigerador y hasta por tres meses en el congelador) para darle a este plato sencillo un sabor vivo y maravilloso.

1. Para hacer la mantequilla de trufas, vierta la mantequilla, el aceite de trufas y las trufas negras en el tazón de un procesador de alimentos y mezcle hasta que las trufas estén completamente incorporadas. Use una espátula de caucho para verter la mezcla en la mitad inferior de un pedazo grande de papel plástico. Doble la parte superior del papel sobre la mantequilla y enrolle suavemente en forma de un tubo de 1¹/₂ pulgadas de ancho. Para sellar, tuerza los extremos del plástico. Congele o refrigere la mantequilla por alrededor de 2 horas, hasta que esté dura (la mantequilla se puede refrigerar hasta por 5 días o congelarse hasta por 3 meses).

2. Para hacer las tajadas de plátano, precaliente el horno a 350°F y forre con papel pergamino una bandeja para hornear con bordes. Coloque las tajadas de plátano en la bandeja preparada y rocíe con el aceite de oliva. Espolvoree con sal y pi-

continuado

mienta. Cocine por alrededor de 20 minutos hasta que los plátanos tengan un color café oscuro.

3. Mientras tanto, para hacer el salmón, sazónelo con la sal y la pimienta. Caliente una sartén grande y antiadherente a fuego alto. Añada el aceite vegetal y coloque la carne del salmón hacia abajo en la sartén. Cocine de 2 a 3 minutos, sin mover, hasta que la parte inferior tenga un color café dorado. Use una espátula para dar vuelta al salmón y cocine de 2 a 3 minutos el otro lado hasta que esté dorado. Vierta el vino blanco y el caldo de pollo y cocine de 5 a 7 minutos más hasta que la salsa se reduzca a la mitad y el salmón esté cocinado.

4. Corte el tubo de mantequilla de trufas en 4 pedazos. Sirva los plátanos en cuatro platos. Coloque un trozo de salmón sobre los plátanos y una capa de mantequilla de trufas en cada porción de pescado (la mantequilla se derretirá sobre el salmón). Vierta la salsa de la sartén en los platos y sirva.

PURÉ DE PAPAS MORADAS
con AJOS ASADOS

Para 6 personas

1 cabeza grande de ajo, con el tercio superior cortado para exponer los dientes de ajo

1 cucharada de aceite de oliva extra virgen

2¹/₂ cucharaditas de sal kosher, y más al gusto

1 libra de papas moradas peruanas o *Yukon gold* partidas por la mitad

3/4 de taza de leche

3 cucharadas de mantequilla sin sal

2 cucharaditas de pimienta negra recién molida, y más al gusto

Una de las mejores maneras de servir estas papas moradas peruanas es en puré porque tienen una cremosidad natural y un sabor a mantequilla. Una cabeza de ajo asada al horno le añade un suave sabor a nuez. Yo prefiero las papas que tienen un poco de textura, pero si usted prefiere un puré suave, termínelas utilizando un batidor en lugar de un tenedor.

1. Precaliente el horno a 350°F.

2. Coloque el ajo con los dientes hacia arriba en el centro de un papel cuadrado de aluminio de 6 pulgadas. Rocíe con aceite de oliva, espolvoree media cucharadita de sal y lleve los extremos del papel hasta la parte superior de la cabeza de ajo, juntándolos para sellar el paquete. Coloque el ajo en una bandeja para hornear y ase de 35 a 40 minutos hasta que esté muy suave. Deje enfriar.

3. Mientras que el ajo se enfría, coloque las papas partidas y media cucharadita de sal en una olla grande y cubra con agua fría. Hierva las papas a fuego alto y cocine de 15 a 20 minutos hasta que estén tiernas. Use una espumadera para pasar las papas a una bandeja para hornear con bordes y deje a un lado.

4. Vierta la leche en una cacerola pequeña. Añada la mantequilla, la cucharadita y media de sal restante y la pimienta, y caliente ligeramente a fuego medio, revolviendo con frecuencia, hasta que la mantequilla se derrita.

5. Pase las papas a un tazón grande. Apriete la parte inferior de la cabeza de ajo asado para sacar los dientes, y viértalos en el recipiente con las papas. Añada un poco de la mezcla de leche y use un tenedor para triturar toda la mezcla, rociando más líquido de tanto en tanto hasta que el puré de papas tenga la consistencia deseada. Pruebe y rectifique la sazón si es necesario.

LUBINA A LA PARRILLA *con* COSTRA DE PISTACHOS *y* VINAGRETA TROPICAL DE MARACUYÁ

Para 4 personas

PARA LA MANTEQUILLA DE
PISTACHOS

1 taza de pistachos sin cáscara

8 cucharadas (1 barra) de mantequilla
sin sal, cortada en cubos de
½ pulgada

1 taza de hojas frescas de perejil liso

½ taza de hojas de cilantro fresco

¼ de taza de migas de pan panko

PARA LA LUBINA

4 filetes de lubina de 4 onzas

1½ cucharaditas de aceite de oliva extra
virgen

1 cucharada de sal kosher

1½ cucharaditas de pimienta negra recién
molida

4 tazas de hojas verdes tipo *baby*
(como rúgula o espinacas)

1½ tazas de Vinagreta tropical de
maracuyá (página 75)

La lubina es deliciosa, algodonosa y muy elegante. En esta receta es complementada con la riqueza de los pistachos. Mientras los pistachos y la mantequilla se derriten sobre el filete, los trozos de pistacho se adhieren al pescado, creando una textura semejante a una costra y una presentación impresionante. Para realzar todos estos ricos sabores, la lubina es rematada con una vinagreta tropical de maracuyá. Es un plato inesperado y absolutamente fantástico. Prepare más mantequilla de pistachos para acompañar raviolis de queso o pasta fresca.

1. Coloque los pistachos en el tazón de un procesador de alimentos y pulse cinco veces durante 1 segundo para partirlos en pedazos grandes. Añada la mantequilla, el perejil, el cilantro y el panko. Procese la mezcla de 30 a 45 segundos hasta que la mantequilla esté bien mezclada y los pistachos estén finamente molidos. Use una espátula de caucho para verter la mezcla en la mitad inferior de un pedazo largo de plástico. Doble la parte superior del papel sobre la mantequilla, enrolle suavemente en forma de un tubo de 1½ pulgadas de diámetro. Tuerza los extremos del plástico para sellar. Refrigere por lo menos 2 horas o hasta 5 días (o congele hasta por 3 meses).

2. Prepare una parrilla de carbón o de gas (si utiliza una parrilla de carbón, siga las instrucciones del fabricante para hacer un fuego de dos niveles, con un lado de la parrilla a fuego alto y el otro a fuego medio-bajo; si utiliza una parrilla de gas, ajuste los quemadores para que un lado esté a fuego alto y el otro a fuego medio-bajo).

continuado

3. Para hacer la lubina, coloque el pescado en una bandeja para hornear con bordes o en un plato grande y rocíe con el aceite de oliva. Espolvoree con la sal y la pimienta. Corte la mantequilla fría de pistachos en 4 pedazos.

4. Ase los filetes de lubina por alrededor de 5 minutos con la carne hacia abajo hasta que tengan marcas de parrilla. Gire los filetes con cuidado y reduzca el fuego a medio (si utiliza una parrilla de carbón, gire los filetes por el lado más frío). Coloque un pedazo de la mantequilla de pistachos encima de cada filete, cubra la parrilla y siga asando los filetes por unos 5 minutos más hasta que se desmenucen fácilmente y estén completamente opacos, dependiendo del grosor que tengan. Retírelos de la parrilla y déjelos a un lado.

5. Divida las hojas verdes en los cuatro platos. Coloque un filete de lubina sobre las hojas, rocíe con la vinagreta de maracuyá y sirva.

LOMO DE CERDO RELLENO *con* MANZANAS CARAMELIZADAS *y* NUECES, *con* SALSA DE MANGO *y* VAINILLA

Para 6 personas

PARA EL LOMO DE CERDO

- 2 cucharadas de mantequilla sin sal
- 1 manzana Granny Smith, partida a la mitad, sin el corazón y finamente picada
- 1/4 de taza de azúcar
- 1 lomo de cerdo de 2 libras cortado en el centro
- 1 cucharada de sal kosher, y más al gusto
- 1 1/2 cucharaditas de pimienta negra recién molida, y más al gusto
- 1/2 taza de nueces finamente picadas
- 2 cucharadas de aceite de oliva extra virgen
- 1 taza de vino blanco seco (pinot grigio o similares)

PARA LA SALSA

- 1 1/2 tazas de jugo de naranja fresco
- 1/4 de taza de jugo de mango
- 1/4 de taza de miel de agave
- 1 vaina de vainilla, partida a la mitad y a lo largo; raspe las semillas y resérvelas
- 2 cucharadas de mantequilla sin sal
- 1 cucharadita de sal kosher

Lo que inspira mi cocina es viajar a otros lugares y adquirir un gusto por la cocina local. Cuando llegué a casa de un viaje a Maui, por ejemplo, ¡no podía sacarme de la cabeza el sabor suave y floral de la vainilla combinado con la fruta tropical! Así que recreé el sabor de Hawái en un lomo de cerdo relleno con manzana y nueces, que es terminado con una salsa tropical de mango casi electrizante. Esta es una gran receta para preparar con antelación. Puede rellenar el lomo con anticipación y hornearlo cuando lleguen los invitados. Para causar un mayor impacto, colóquelo en un plato grande y córtelo al lado de la mesa.

1. Para preparar el lomo de cerdo, derrita la mantequilla a fuego alto en una sartén grande. Añada las manzanas y espolvoree con el azúcar, agitando para recubrirlas de manera uniforme. Cocine por alrededor de 5 minutos revolviendo con frecuencia, hasta que las manzanas estén doradas y suaves. Apague el fuego y deje enfriar.

2. Precaliente el horno a 350°F.

3. Coloque el lomo de cerdo en una tabla de cortar. Haga un corte de 1/2 pulgada de extremo a extremo desde la parte inferior del lomo. Siga cortándolo, desenrollándolo a medida que lo hace, hasta que quede un solo filete sobre la tabla de cortar. Use un aplanador de carne para aplanar suavemente el cerdo a un grosor uniforme de 1/2 pulgada.

4. Sazone la parte superior del cerdo con sal y pimienta. Esparza las manzanas caramelizadas ya frías en una capa uni-

continuado

forme sobre el lomo y luego espolvoree las nueces sobre las manzanas. Enrolle y apriete el lomo en forma de tubo, utilizando hilo de carnicería para amarrarlo a intervalos de 2 pulgadas. Sazone la superficie del lomo con sal y pimienta.

5. Caliente el aceite de oliva a fuego alto en una sartén grande y refractaria. Añada el lomo de cerdo y cocine por alrededor de 2 minutos de cada lado hasta que esté dorado. Vierta el vino blanco y raspe los pedacitos oscuros del fondo de la cacerola con una cuchara de madera. Lleve la sartén al horno y cocine por alrededor de 1 hora hasta que un termómetro digital insertado en el centro del lomo marque 160°F. Retire el lomo del horno, cúbralo con papel aluminio y déjelo reposar durante 15 minutos.

6. Mientras tanto, prepare la salsa. Vierta en una cacerola grande el jugo de naranja, el jugo de mango, la miel de agave, la vainilla y sus semillas, la mantequilla y la sal, y hierva a fuego alto. Reduzca el fuego a medio-bajo y cocine por alrededor de 15 minutos hasta que la salsa esté almibarada. Retire y deseche la vaina de vainilla.

7. Corte el lomo en filetes de $1/2$ a $3/4$ de pulgada de grosor. Coloque la carne de cerdo en un plato de servir, rocíe con la salsa de vainilla y mango, y sirva.

COSTILLITAS *en* SALSA DE LAUREL *y* GROSELLAS

Para 6 personas

½ taza de grosellas

¾ de taza de vino blanco seco (pinot grigio o similares)

1 cebolla amarilla, picada en trozos grandes

1 pimentón rojo grande, partido a la mitad, sin semillas y picado en trozos grandes

1 jalapeño, partido a la mitad, sin semillas y picado en trozos grandes

¼ de taza de cilantro fresco, picado en trozos grandes, más un poco extra para decorar

4 dientes de ajo, picados en trozos grandes

2 ajíes dulces frescos o pimentones cherry encurtidos y envasados

¼ de taza de aceite de oliva extra virgen

2 cucharadas de salsa inglesa

1 cucharadita de comino en polvo

1 cucharadita de orégano seco

½ cucharadita de hojas de laurel trituradas

1 cucharada de sal kosher, más 1 cucharadita

½ cucharadita de pimienta negra recién molida

4 libras de costillitas para asar, cortadas en sentido transversal y con el hueso

¼ de taza de aceite vegetal

¼ de taza de azúcar

4 tazas de Caldo de carne (página 210) o de caldo de carne comprado

El asado negro, un asado de carne de res cocinada a fuego bajo y lento, y ennegrecido con azúcar caramelizado en vino y en panela (un bloque de azúcar sin refinar elaborado con el azúcar evaporada del jugo de caña), es uno de los platos esenciales de Venezuela. En esta versión, las costillas se marinan desde la noche anterior en un puré de grosellas, vino e ingredientes aromáticos como la cebolla, el ajo y el ají dulce, y luego se cocinan en la estufa hasta que estén oscuras y se desprendan perfectamente del hueso. Este plato es delicioso con risotto o con Puré de papas con vainilla (vea el recuadro de la página 87).

1.   En un tazón pequeño, remoje las grosellas de 15 a 20 minutos en el vino blanco hasta que estén hinchadas y suaves. Pase las grosellas y el vino al tazón de un procesador de alimentos. Añada la cebolla, los pimentones, el jalapeño, el cilantro, el ajo, el ají dulce, el aceite de oliva, la salsa inglesa, el comino, el orégano, las hojas de laurel, 1 cucharadita de la sal y la pimienta negra, y procese hasta que la mezcla esté completamente suave. Introduzca las costillas en una bolsa plástica resellable con capacidad de un galón, vierta el adobo y gire la carne en la salsa para asegurarse de que esté recubierta de manera uniforme. Selle la bolsa y refrigere toda la noche.

2.   Caliente el aceite vegetal, el azúcar y la cucharada de sal restante en una olla grande a fuego medio-alto de 4 a 5 minutos hasta que el azúcar comience a caramelizar y a oscurecer. Retire las costillas de la marinada, dejando escurrir el exceso de líquido (reserve el adobo para más tarde) y colóquelas en

continuado

Ahorra tiempo haciendo las costillas en una olla a presión. Siga la receta según las instrucciones, utilizando una olla a presión sin tapar para dorar las costillitas. Después de reducir el líquido ligeramente, coloque la tapa en la olla y aumente el fuego a alto. Cuando la presión aumente y se estabilice (siguiendo las instrucciones del fabricante), cocine las costillitas de 35 a 40 minutos hasta que estén tiernas. Siga las instrucciones del fabricante para eliminar la presión y quitar la tapa, y revise las costillitas: si la carne se desprende fácilmente del hueso, las costillas estarán hechas. Continúe con la receta según las instrucciones.

la olla con la carne hacia abajo. Cocine por alrededor de 10 minutos hasta que estén doradas, dándoles vuelta constantemente con unas pinzas para que no se quemen. Vierta el caldo de carne y el adobo reservado y hierva el líquido a fuego alto por alrededor de 5 minutos hasta que se reduzca ligeramente.

3. Reduzca el fuego a medio-bajo y cocine las costillas a fuego lento por alrededor de 1 hora, revolviendo cada 20 minutos, hasta que estén tiernas y un poco crujientes por los bordes. Pase las costillas a un plato de servir y deje a un lado. Aumente el fuego a medio-alto y cocine la salsa a fuego lento por unos 10 minutos más hasta que esté espesa. Vierta la salsa sobre las costillas, espolvoree con cilantro y sirva.

puré de papas con vainilla Reinvente el puré de papas estándar dándole el sabor exótico de la vainilla. Prepare su receta favorita de puré de papas, cocinándolas como lo indica la receta. Hierva la crema, la crema *half & half* o la leche que esté utilizando para hacer el puré de papas. Apague el fuego y agregue la mantequilla. Divida una vaina de vainilla por la mitad y a lo largo, y raspe las semillas con el respaldo de un cuchillo de partir. Añada las semillas y la vaina de vainilla a la olla con la crema y la mantequilla, revuelva para mezclar, cubra y deje reposar 10 minutos. Retire y deseche la vaina de vainilla y vierta la mezcla sobre las papas cocinadas, triturándolas a su gusto. Añada un poco de sal y sirva.

RISOTTO DE HONGOS SILVESTRES y CARNE PREPARADO con ANTELACIÓN

Para 4 personas

2 cucharadas de aceite de oliva extra virgen

1¹/₂ tazas de arroz arborio

3 tazas calientes de Caldo de pollo (página 211) o de caldo de pollo comprado

1¹/₂ onzas de hongos silvestres secos (como *morels*, *porcini* o *shiitake*)

2¹/₂ tazas de vino tinto (merlot, cabernet sauvignon o similares)

1 cucharada de aceite de trufas (opcional)

1 chalote, picado en pedazos muy pequeños

6 dientes de ajo, picados en pedazos muy pequeños

¹/₂ libra de lomo de res (equivale a alrededor de 1 *filet mignon* grueso), cortado en cubos de ¹/₂ pulgada

2 tazas de queso parmesano-reggiano finamente rallado

4 cucharadas (¹/₂ barra) de mantequilla sin sal

2 cucharadas de perejil liso, finamente picado

Trufas negras y frescas en hojuelas finas, para servir (opcional)

El risotto es muy popular en Venezuela gracias al gran número de inmigrantes italianos que hay en el país. También es uno de los primeros platos que aprendí a cocinar. Más tarde, en el menú de mi restaurante, siempre había al menos un tipo de risotto preparado con lo que tuviera a la mano, desde vegetales hasta pescados y mariscos con un poco de azafrán. El truco para preparar risotto en un restaurante es cocinar el arroz por anticipado; también es la manera de llevar el risotto a la mesa si está organizando una fiesta y prefiere conversar con sus invitados en lugar de pararse frente a la estufa y pasar veinte minutos revolviendo el arroz. Mi abuela paterna solía hacer un risotto maravilloso con hongos secos. Mi receta también sirve para preparar un risotto maravilloso, pero añade algunos ingredientes de gran sabor como el *filet mignon* y el aceite de trufas que lo llevan a un nuevo nivel.

1. Caliente 1 cucharada del aceite de oliva en una olla de fondo grueso a fuego medio-alto. Agregue el arroz y revuelva constantemente mientras se cocina, por alrededor de 30 segundos, hasta que el arroz haya absorbido una parte del aceite. Vierta 2 tazas de caldo de pollo caliente y cocine el arroz de 12 a 15 minutos revolviendo constantemente, hasta que el arroz esté parcialmente cocinado y haya absorbido la mayor parte del caldo. Pase el arroz a una bandeja para hornear con bordes y deje enfriar a un lado (si está pensando en preparar el risotto varias horas después de cocinar el arroz, cubra entonces la bandeja para hornear con papel plástico y refrigere por un máximo de 2 días).

continuado

2. Coloque los hongos en un tazón mediano y vierta 2 tazas del vino tinto. Deje a un lado por alrededor de 10 minutos hasta que los hongos estén blandos y flexibles. Escúrralos con un colador de malla fina (deseche el vino), córtelos en trozos grandes y déjelos a un lado.

3. Caliente a fuego medio-alto la cucharada de aceite de oliva restante y, si desea usarlo, el aceite de trufas en una olla grande de fondo grueso. Agregue los chalotes, el ajo y el lomo de cerdo y cocine de 2 a 3 minutos revolviendo con frecuencia, hasta que la carne se oscurezca. Añada los hongos cortados y cocine por alrededor de 1 minuto hasta que estén calientes. Agregue la media taza de vino tinto restante, cocinando por alrededor de 3 minutos hasta que se reduzca a la mitad.

4. Vierta el arroz precocinado y agregue la taza restante de caldo de pollo, de un cuarto en un cuarto, revolviendo entre las adiciones, hasta que el arroz esté al dente y el risotto esté suelto y cremoso, de 8 a 10 minutos más. Añada el queso parmesano-reggiano y la mantequilla. Cuando se hayan derretido, agregue como decoración el perejil y las trufas, en caso de que desee usarlas, y sirva.

SOLOMILLO DE TERNERA *con* COSTRA DE QUESO AZUL *y* SEMIGLASEADO DE MARACUYÁ

Para 4 personas

continuado

PARA LOS FILETES DE CARNE

- 1 taza de queso azul desmenuzado
- 2 cucharadas de mantequilla sin sal
- 1 cucharada de mostaza Dijon
- 4 filetes de lomo de res de 6 a 8 onzas, y de 1½ a 2 pulgadas de grosor
- ½ cucharadita de sal kosher
- ½ cucharadita de pimienta negra recién molida
- 2 cucharadas de aceite de oliva extra virgen

PARA EL SEMIGLASEADO DE MARACUYÁ

- 1 cucharada de aceite de oliva extra virgen
- ½ libra de hongos *porcini* o *cremini*, sin el tallo y en rebanadas delgadas
- 1½ chalotes, finamente picados
- 6 dientes de ajo, picados en pedazos muy pequeños
- 1 taza de Semiglaseado simplificado de vino tinto (página 208)
- ½ taza de jugo de maracuyá
- ¼ de taza de miel de agave
- 2 cucharadas de salsa de soya

Este plato es sin duda el más popular que he tenido en el menú de mis restaurantes y es perfecto para cualquier ocasión especial. Tiene un sabor totalmente único y un toque latino. Sirva con una guarnición de espinacas o con puré de papas (vea las páginas 87 y 79).

1. Antes de cocinar los filetes, haga una mantequilla de queso azul. Vierta el queso azul, la mantequilla y la mostaza Dijon en el tazón de un procesador de alimentos y mezcle hasta que estén suaves. Vierta la mezcla en un tazón pequeño, cubra el recipiente con papel plástico y refrigere por un mínimo de 20 minutos o toda la noche.

2. Coloque los filetes en un plato grande. Sazone con la sal y la pimienta y luego recubra los filetes con el aceite de oliva. Caliente una sartén grande a fuego alto por 2 minutos. Añada los filetes y cocine de 3 a 4 minutos por cada lado hasta que tengan una costra agradable. Pase los filetes a un plato limpio (reserve la sartén para la salsa) y deje a un lado.

3. Para hacer el glaseado, vierta el aceite de oliva en la sartén utilizada para dorar los filetes y lleve el fuego a medio-alto. Añada los hongos, el chalote y el ajo y cocine por alrededor de 3 minutos revolviendo con frecuencia, hasta que los hongos comiencen a volverse brillantes. Añada el vino tinto semiglaseado, el jugo de maracuyá, la miel de agave, la salsa de soya y hierva. Reduzca el fuego a medio-bajo y deje reducir de 35 a 40 minutos hasta que la mezcla esté espesa y almibarada.

4. Precaliente el horno a 400°F.

5. Saque la mantequilla de queso azul del refrigerador. Forre con papel aluminio una bandeja para hornear con bordes y coloque los filetes. Cubra cada filete con 1 cucharada de la mantequilla de queso azul. Ase los filetes por alrededor de 10 minutos hasta que el queso azul se derrita y los bordes se empiecen a oscurecer. Retire los filetes del horno y coloque cada uno en un plato. Vierta un poco del glaseado de maracuyá alrededor de cada filete y sirva.

¿Sabía que...?

Un lomo de res increíblemente tierno y decadente es fantástico, pero para un corte más económico use carnes como el filete de lomo de ternera, el solomillo de pulmón (hanger steak) o la costilla de ternera (top-loin club steak).

TOMATES SECOS *BRÛLÉE*

Para 6 personas

1¹/₃ tazas (5 onzas) de tomates secos

4¹/₂ onzas de queso de cabra fresco, desmenuzado (alrededor de ¹/₂ taza)

12 aceitunas negras sin hueso, picadas en trozos grandes

12 aceitunas verdes sin hueso, picadas en trozos grandes

6 yemas de huevo grandes

³/₄ de taza de leche, más 2 cucharadas

³/₄ de taza de crema espesa, más 2 cucharadas

1 taza de queso parmesano-reggiano finamente rallado

Esta sabrosa natilla de tomates dulces y carnosos secados al sol, queso de cabra pungente y aceitunas verdes y negras es terminado con una capa magníficamente dorada de queso parmesano-reggiano que se asa en el horno justo antes de servir. Puede servir este acompañamiento al lado de la proteína más simple —una pechuga de pollo sellada en la sartén o un filete de pescado asado son elevados instantáneamente a algo más elegante—. Las natillas se pueden hornear por adelantado, enfriarse y refrigerarse hasta por dos días. Espolvoree con el queso parmesano-reggiano y dore en el horno justo antes de servir.

1. Coloque los tomates secados al sol en un tazón mediano y cubra con agua hirviendo. Deje rehidratando a un lado durante 10 minutos. Escurra en un colador de malla fina y corte los tomates en tiras finas y en sentido transversal (deseche el líquido).

2. Precaliente el horno a 325°F. Coloque 6 moldes de 6 onzas en una bandeja para hornear de 9 por 13 pulgadas.

3. Divida el queso de cabra de forma pareja entre los moldes. Finalice con las aceitunas negras y las verdes, y con los tomates secos, reservando 12 tiras de tomates secos. Deje a un lado.

4. Hierva agua en una tetera, apague y deje a un lado. Bata las yemas de huevo en un tazón mediano y refractario. Vierta la leche en una cacerola pequeña y hierva a fuego alto. Agregue la crema y luego añada lentamente ¹/₄ de taza de la mezcla de leche caliente a las yemas. Siga batiendo mientras vierte poco a poco el resto de la mezcla de leche caliente hasta incorporar por completo. Vierta la crema en cada molde sobre la mezcla de tomates secos.

5. Introduzca la bandeja en el horno. Vierta el agua caliente de la tetera en la bandeja hasta que el agua llegue a la mitad de los lados de los moldes. Hornee las natillas por alrededor de 35 minutos hasta que la parte superior esté casi firme al tacto (deberían moverse ligeramente) y las natillas se agiten al golpear ligeramente los moldes.

6. Retire la bandeja del horno con cuidado. Utilice unas pinzas para pasar los moldes a una rejilla y deje enfriar completamente por alrededor de 20 minutos.

7. Coloque la parrilla del horno en la posición media-alta y encienda el asador del horno a fuego alto.

8. Pase las natillas de la parrilla a una bandeja para hornear con bordes. Espolvoree 2 $^1/_2$ cucharadas del queso parmesano-reggiano sobre cada natilla. Introduzca la bandeja en el horno y ase la parte superior de las natillas por alrededor de 5 minutos hasta que tengan un color café. (Revise las natillas con frecuencia, pues la intensidad de los hornos varía). Retire la bandeja del horno y utilice unas pinzas para pasar los moldes a platos pequeños. Coloque 2 tiras de tomates secos encima de cada natilla y sirva.

¡AFUERA!
SAQUE LA
MESA DE SU
COCINA

Este capítulo aborda la preparación y el disfrute de la comida al aire libre. Combina sin complicaciones la facilidad de recetas sin cocción como el guacamole y el carpaccio de pepino con vinagreta Dijon —en las que usted simplemente montará un plato en lugar de cocinarlo— con algunos platillos favoritos a la parrilla. Y, como decimos nosotros, no podrá hacer algo más suramericano que asar o cocinar a la parrilla. El ingrediente más importante en la comida de estilo latino a la parrilla es el sabor del carbón humeante de la parrilla, razón por la que la comida asada es tan sencilla. La sal y la pimienta son a menudo los condimentos de elección; dicho esto, he desarrollado una verdadera afición por la salsa barbacoa dulce y pegajosa, ¡especialmente cuando se le unta a unas suculentas costillitas ahumadas!

La verdad sea dicha, los vegetales nunca han sido muy comunes en la parrilla latina, pero he ideado algunas formas únicas para servir vegetales a la parrilla que los hace igual de deliciosos que sus contrapartes de carne.

Para mí, asar a la parrilla consiste siempre en sentarme con mis mejores amigos y con mi familia para comer una deliciosa y sabrosa comida al aire libre, rodeada por el delicioso aroma de las brasas. Simplemente no hay nada mejor que eso.

TAQUITOS DE ATÚN SELLADO EN *WRAPS* DE LECHUGA BIBB *con* SALSITA DE TOMATE *y* AGUACATE

Para 4 personas

- 4 filetes de atún de 6 onzas, de 1 pulgada de grosor y sin piel
- 1 cucharada de aceite de oliva extra virgen
- 1 cucharadita de sal kosher
- ½ cucharadita de pimienta negra recién molida
- 8 hojas grandes de lechuga Bibb
- ½ taza de Salsita de tomate y aguacate (página 101)
- 4 ramitas de cilantro fresco (de tallos tiernos solamente)
- 1 limón, cortado en cascos

En estos taquitos reemplazo la tortilla habitual con un *wrap* de lechuga al estilo del sureste asiático que satisface el antojo por comer tacos de una manera totalmente liviana, refrescante y sabrosa. El crocante de la lechuga va muy bien con la cremosidad del aguacate. Ensaye preparando un plato de taquitos rápidos y sabrosos con los otros rellenos de pescado para taquitos de las páginas 101 y 104.

1. Coloque los filetes de atún en un tazón grande. Rocíe con el aceite de oliva y frote por ambos lados. Sazone con la sal y la pimienta y deje a un lado.

2. Prepare una parrilla de carbón o de gas.

3. Coloque el atún en la parrilla y cocine por alrededor de 1 minuto cada lado hasta que tengan marcas de parrilla (es deseable que el atún quede poco hecho en el centro). Pase con cuidado el atún a una tabla de cortar limpia y pártalo en tiras en sentido transversal y en trozos de ½ pulgada de grosor.

4. Coloque las hojas de lechuga en un plato de servir y vierta un poco de atún en cada una. Rocíe un poco de salsita de aguacate y tomate sobre el atún, y sirva con el cilantro y un casco de limón.

¿Sabía que...?

Para que su lechuga quede más crujiente, lave y coloque las hojas en un plato cubierto con papel toalla. Refrigere las hojas hasta por 20 minutos para que queden bien frías y crujientes.

GUACAMOLE MACHACADO

Para 8 personas

½ taza de cilantro fresco, finamente picado

1 jalapeño, partido a la mitad, sin semillas, desvenado y finamente picado (opcional)

1 diente de ajo, finamente picado

El jugo de 1 limón

1 cucharada de sal kosher, y más al gusto

4 aguacates Hass, partidos a la mitad, sin semilla, pelados y finamente picados

1 cebolla roja pequeña, finamente picada

¼ de cucharadita de pimienta negra recién molida, y más al gusto

1 tomate pequeño, finamente picado

Nunca adivinará de dónde saqué la inspiración para mi guacamole: ¡de Tailandia! Es curioso, especialmente teniendo en cuenta que soy suramericana, que tuviera que viajar al otro lado del mundo para encontrar el secreto para un guacamole delicioso. La clave está en la técnica. Cuando estaba en Bangkok, aprendí a hacer una increíble salsa agria y especiada de arroz pegajoso, y el truco consistía en hacer una pasta con chiles, ajo, cilantro y sal antes de añadir salsa de pescado y jugo de limón amarillo. Al triturar los ingredientes aromáticos, liberé los aceites esenciales y fue como una explosión de frescura y de sabores interesantes. Macerar la base tarda apenas un minuto, pero los resultados son increíbles. La cremosidad herbosa del guacamole funciona muy bien con cualquier alimento crujiente o semejante al pan, como las telitas (vea la página 131), los *chips* de tortilla o las Arepas venezolanas (vea la página 30); o para un crocante saludable, acompáñelo con palitos de pepino, apio y zanahoria. Manténgalo por unas horas en el refrigerador y simplemente revuélvalo antes de servir.

Coloque una cuarta parte del cilantro, la mitad del jalapeño, el ajo, el jugo de limón y la sal en un mortero con mano (puede utilizar también un tazón pequeño y un tenedor para hacer la pasta). Aplaste todos los ingredientes juntos hasta que la mezcla se vea jugosa y como una pasta áspera. Añada a la taza el aguacate, la cebolla, el jalapeño restante y la pimienta negra. Revuelva y machaque para lograr la consistencia y la textura que más le guste (a mí me gusta con trozos). Añada los tomates y el cilantro restante, pruebe y sazone con sal y pimienta si es necesario. Use una espátula de caucho para pasar el guacamole a un recipiente, y sirva.

TAQUITOS DE SALMÓN A LA PARRILLA
con SALSITA DE TOMATE *y* AGUACATE

Para 4 personas

PARA LA SALSITA DE TOMATE Y AGUACATE

- 1 tomate pequeño
- ½ cebolla roja pequeña, picada en pedazos muy pequeños
- ½ taza de cilantro fresco, finamente picado
- 2 aguacates Hass, en mitades, sin cáscara, pelados y finamente picados
  Jugo de 1 limón
- 1 cucharadita de sal kosher

PARA EL SALMÓN

- 3 filetes de salmón de 8 onzas, sin la piel
- 1 cucharada de aceite de oliva extra virgen
- 1 cucharadita de sal kosher
- 1 cucharadita de pimienta negra recién molida
- 8 Telitas con queso (página 131) u 8 tortillas de maíz de 6 pulgadas compradas en la tienda u
- 8 Tortillas con hierbas (página 203)
- 1 taza de hojas verdes tipo *baby* (como rúgula o espinaca)
- 1 limón, cortado en 8 cascos

Cuando usted comienza con un hermoso filete de salmón no se necesita mucho para realzar sus mejores sabores: simplemente sazone con sal y pimienta y ase rápidamente a la parrilla para que esté a término medio. Para convertirlo en un taquito, envuelva en un pan plano, una tortilla suave o en una telita, y termine con un chorrito de jugo de limón fresco y una cucharada de esta salsita cítrica y cremosa de aguacate y tomate. Estos taquitos también son excelentes finalizados con un chorrito de Salsita de habanero horneado (página 197). Cuando compre el salmón, revíselo bien: debe brillar y parecer firme, sin ninguna señal de estar blando.

1. Para hacer la salsita, hierva agua en una cacerola pequeña a fuego alto. Utilice un cuchillo de cocina y corte una X en la parte inferior del tomate y luego blanquee el tomate en el agua hirviendo de 1 a 2 minutos hasta que la piel de la parte inferior empiece a curvarse. Use una espumadera para pasar el tomate a un recipiente pequeño con agua helada. Cuando el tomate esté lo suficientemente frío para manipularlo, retire la piel y deseche. Parta el tomate a la mitad, retire las semillas y pique finamente. Coloque en un tazón pequeño, agregue la cebolla y el cilantro, cubra el recipiente con papel plástico y deje a un lado. Coloque los aguacates en un recipiente mediano y mezcle suavemente con el jugo de limón y la sal. Cubra el recipiente con papel plástico y deje a un lado.

2. Para hacer el salmón, coloque los filetes en un tazón grande. Rocíe con el aceite de oliva y frote el pescado con el aceite. Sazone con la sal y la pimienta y reserve.

3. Prepare una parrilla de carbón o de gas.

4. Coloque el salmón en la parrilla y cocine por alrededor de 1 minuto hasta que se dore. Utilice una espátula para dar

continuado

vuelta con cuidado los filetes, y ase el otro lado por alrededor de 1 minuto más hasta que se dore. Retire con cuidado los filetes de la parrilla y corte suavemente en tiras en sentido transversal.

5. Caliente por ambos lados las telitas o tortillas en la parrilla, sólo hasta que estén flexibles y ligeramente chamuscadas. Páselas a un plato de servir. Coloque algunas hojas verdes en la parte superior de cada una y luego las tiras de salmón a la parrilla. Agregue la mezcla de tomate y cilantro a los aguacates y revuelva suavemente para mezclar. Divida la salsita en los taquitos y sirva con un casco de limón.

Enciende mi fuego: Cómo encender su asador

Una parrilla bien caliente es esencial para asar existosamente a la parrilla. Si está utilizando una parrilla de gas, coloque todos los quemadores en alto, cubra la parrilla durante 10 minutos y luego descúbrala para raspar las rejillas con un cepillo de alambre. Retire cualquier desecho pegado a las rejillas y luego ajuste el fuego como lo indica la receta.

Si está utilizando una parrilla de carbón, encienda los carbones con un encendedor para chimeneas o con un encendedor líquido. Si utiliza un encendedor para chimeneas, llénelo a $3/_4$ de su capacidad con carbones y coloque algunas pelotas de hojas de periódico debajo de la chimenea. Coloque la chimenea en la rejilla de la parrilla inferior (deje la rejilla de la parrilla superior a un lado por el momento) y encienda el papel hasta que los bordes exteriores de las brasas adquieran un color blanco-grisáceo antes de pasarlas a la parrilla inferior. Si utiliza un encendedor líquido, simplemente moje los carbones con el líquido y encienda. En cualquier caso, cuando los carbones estén completamente calientes, utilice pinzas largas para acomodarlos, si es necesario (por ejemplo, puede apilar algunos en un lado para crear en la parrilla una sección caliente y otra de fuego medio). Coloque la rejilla de la parrilla superior en el asador, deje que se caliente y luego limpie la parrilla con un cepillo de alambre.

Si usa gas y la parrilla está muy caliente o muy fría mientras cocina, simplemente ajuste el nivel del fuego. Para enfriar los carbones cuando están demasiado calientes, puede extender las brasas en una capa más delgada o amontonarlas a un lado para evitar que uno de los lados reciba mucho calor —creando así un nivel de dos fuegos, ideal para sellar la carne en el lado caliente y cocinar en el lado más tibio—. También puede cerrar los agujeros de ventilación en la parte inferior de la parrilla para limitar el suministro de oxígeno al fuego, lo que hará que el calor sea menos intenso. Si necesita calentar más los carbones, agregue varios.

TAQUITOS DE PARGO *con* SALSITA DE JÍCAMA *y* MANZANA

Para 4 personas

1 libra de filetes de pargo rojo sin piel

1 cucharada de aceite de oliva extra virgen

1½ cucharaditas de sal kosher

1½ cucharaditas de pimienta negra recién molida

8 Tortillas con hierbas (página 203) u 8 tortillas de maíz de 6 pulgadas, compradas

2 tazas de *radicchio*, en rebanadas delgadas (opcional)

2 tazas de Salsita de jícama y manzana (página 195)

1 limón, cortado en cascos

Un día en la playa con mis amigos en Puerto Vallarta o Los Roques, un archipiélago de cincuenta islas frente a la costa de Venezuela, es mi mayor obsequio en materia de escapada. Después de un caluroso y largo día al sol, nos relajamos con micheladas completamente heladas (*Bloody Marys* preparados con cerveza en lugar de vodka) y muchísimos taquitos a la plancha. Asamos pescados frescos como el pargo o el atún y los servimos con varias salsitas, mezclándolas y combinándolas a nuestro gusto con el pescado. La salsita de jícama y manzana es especialmente agradable porque es muy fresca y crujiente, un gran contrapunto a la delicada textura y al sabor ahumado del pescado a la parrilla. El mero, el pargo, la tilapia, la lubina, el salmón y el atún son perfectos para asar, así que siéntase libre de comprar el pescado más fresco que pueda encontrar, y no se preocupe por apartarse de la receta.

1. Coloque los filetes de pargo en un tazón mediano. Rocíe con el aceite de oliva y frote ambos lados. Sazone con la sal y la pimienta y reserve.

2. Prepare una parrilla de carbón o de gas.

3. Coloque los filetes de pargo en la parrilla y ase por alrededor de 3 minutos hasta que estén dorados. Utilice una espátula y delos vuelta con cuidado, asando el otro lado por otros 3 minutos hasta que esté dorado. Retire con cuidado los filetes y córtelos en tiras en sentido transversal.

4. Apile las tortillas y envuélvalas en una toalla de cocina húmeda. Colóquelas en un plato para microondas y cocínelas por alrededor de 1 minuto en lapsos de 20 segundos hasta que

estén fragantes y calientes. Coloque las tortillas en un plato de servir y cubra con un poco de *radicchio*, en caso de que desee usarlo, y luego añada las tiras de pargo asado. Vierta un cuarto de taza de salsita de jícama y manzana en cada taquito y sirva con un casco de limón.

Una fiesta de taquitos Los taquitos encantan a todo el mundo, especialmente mis taquitos para fiestas, que son del tamaño adecuado para agasajar y acompañar cocteles. Servir tres, cuatro o cinco taquitos diferentes en un plato ofrece una gama de sabores y texturas. En primer lugar, coloque varios tipos de tortillas en la mesa. Luego ase algunos pescados diferentes, sirva algunas salsitas ¡y ya está! Es una manera perfecta para agasajar a los invitados porque todo el mundo participa; los taquitos son divertidos y poco estresantes para ellos. Mezcle y combine algunos elementos de cada una de las categorías que aparecen a continuación, y no se olvide de servirlos con una gran cantidad de cascos de limón.

TORTILLAS (de maíz, de harina, de trigo integral)

Con hierbas (página 203)
De maíz
De harina (utilice un cortador de galletas para cortarlas en círculos más pequeños)
Telitas con queso (página 131)

PESCADO

Mero
Salmón (página 101)
Pargo (página 104)
Lubina
Atún (página 99)
Tilapia

SALSITAS

Salsita de jícama y manzana (página 195)
Salsita de tomate y aguacate (página 99)
Salsita picante de guasacaca (página 194)
Salsa picante de cilantro y jalapeños horneados (página 196)
Salsita de habanero horneado (página 197)

MARTINIS TROPICALES DE CAMARÓN CON AJONJOLÍ

Para 6 personas

PARA LA VINAGRETA DE AJONJOLÍ

- 3 cucharadas de vinagre de arroz
- 3 cucharadas de salsa de soya
- 2 1/2 cucharaditas de jugo de limón amarillo fresco
- 2 1/2 cucharaditas de azúcar
- 3/4 de cucharadita de mostaza seca preparada
- 1 pizca de sal kosher
- 3 chalotes grandes, picados en pedazos muy pequeños
- 3 cucharadas de aceite de ajonjolí bajo en grasa
- 3 cucharadas de aceite vegetal

PARA LOS CAMARONES

- 2 naranjas
- 2 libras de camarones pequeños cocinados
- 1 taza de corazones de palmito, enjuagados, escurridos, partidos por la mitad y a lo largo, y luego en sentido transversal en rodajas de 1/4 de pulgada de grosor
- 1 taza de tomates cherry, partidos en cuatro
- 3 tazas de hojas verdes tipo *baby* (como rúgula o espinaca *baby*)
- 6 ramitas de cilantro fresco

Simple y elegante, esta es una entrada fácil y rápida o una comida liviana. Gracias a los camarones cocinados que se encuentran en la mayoría de las tiendas de comestibles, este plato se puede preparar en cuestión de minutos. Los palmitos son una adición muy latina a esta receta de inspiración asiática; dan un gran contraste al dente a los cascos llenitos, jugosos y dulces de la mandarina y al camarón cocinado. Si prefiere, puede hervir los camarones crudos con agua y sazonar con jugo de limón amarillo, hasta que estén rosados (prefiero los camarones de los Cayos de Florida o de la Costa del Golfo), en lugar de utilizar camarones precocinados.

1. Para hacer la vinagreta, mezcle en un tazón mediano el vinagre de arroz, la salsa de soya, el jugo de limón amarillo, 2 1/2 cucharadas de agua, el azúcar, la mostaza en polvo y la sal. Agregue los chalotes y luego el aceite de ajonjolí y el aceite vegetal, batiendo lentamente para emulsionar la vinagreta.

2. Para hacer los camarones, coloque las naranjas en una tabla para cortar. Rebane las partes superiores e inferiores para dejar la fruta al descubierto, y luego retire la cáscara y la parte blanca. Utilice un cuchillo de partir afilado para hacer un corte entre las membranas de la naranja y dejar los cascos al descubierto. Pase las naranjas a un tazón grande y agregue los camarones, los palmitos y los tomates cherry. Vierta la vinagreta de ajonjolí sobre la mezcla y combine suavemente con las manos.

3. Divida las hojas verdes en las seis copas de martini (o en platos pequeños). Cubra con la ensalada de camarones y termine con una ramita de cilantro. Sirva de inmediato.

MINIHAMBURGUESAS DE POLLO
con PESTO DE ALMENDRAS

Para 4 personas

PARA EL PESTO DE ALMENDRAS

- 3/4 de taza de aceite de oliva extra virgen
- 1 taza generosa de almendras partidas en trozos grandes
- 1 taza de queso parmesano-reggiano rallado
- 2 cucharadas de albahaca fresca finamente picada
- 2 dientes de ajo, picados en pedazos muy pequeños

PARA LAS MINIHAMBURGUESAS DE POLLO

- 2 cucharadas de aceite vegetal
- 1 huevo grande
- 1 libra de pechugas de pollo sin hueso, cortadas en cubos de 1/2 pulgada
- 1/2 jalapeño, cortado por la mitad a lo largo, sin semillas, desvenado y finamente picado
- 2 cebollines, sólo la parte blanca y la verde clara, finamente picados
- 1 cucharada de cilantro fresco finamente picado
- 1 cucharadita de sal kosher
- 3 cucharadas de migas de pan secas sin sazonar
- 6 onzas de queso mozzarella, cortado en 4 rodajas
- 4 bollos de pan *brioche* pequeños, o minibollos
- 1 tomate cortado en rodajas de 1/4 de pulgada de grosor

Estas minihamburguesas llevan jalapeños, cebollines y cilantro, y están cubiertas con mozzarella derretido y un rico pesto de albahaca y almendras. El pesto de almendras les da una gran textura y frescura. Las hamburguesas crudas y formadas se pueden congelar en una bolsa resellable por un máximo de tres semanas. Déjelas descongelando en el refrigerador desde la noche anterior y luego áselas según las instrucciones.

1. Para hacer el pesto de almendras, mezcle el aceite de oliva, las almendras, el queso parmesano-reggiano, la albahaca y el ajo en un tazón mediano y reserve.

2. Para hacer las minihamburguesas de pollo, vierta el aceite vegetal en un tazón grande y añada el huevo. Agregue el pollo, el jalapeño, los cebollines, el cilantro y la sal, y revuelva para mezclar. Agregue las migas de pan y luego divida la mezcla en 4 bolas. Aplane ligeramente cada una en una torta de 1 1/2 pulgadas de grosor y deje a un lado.

3. Prepare una parrilla de carbón o de gas.

4. Ase las hamburguesas por alrededor de 5 minutos hasta que estén doradas por un lado. Deles vuelta y ponga una rodaja de mozzarella sobre cada una. Cocine por alrededor de 5 minutos hasta que la parte inferior tenga un color café y el queso se derrita.

5. Caliente los bollos mientras las hamburguesas se cocinan. Colóquelos en la parrilla (o en la rejilla superior, si su parrilla tiene una) con la parte cortada hacia abajo por alrededor de 2 minutos, hasta que se tuesten. Retire los bollos y las hamburguesas de la parrilla.

6. Coloque una hamburguesa en la parte inferior de cada bollo. Remate con una rebanada de tomate y luego vierta un poco de pesto de almendras encima. Cubra con la otra mitad del pan y sirva.

VARIACIÓN: *Minihamburguesas y wraps de lechuga con pesto de pistachos*

Para el pesto, sustituya las almendras con pistachos sin cáscara. Superponga dos hojas de lechuga Bibb en un plato y coloque la hamburguesa encima. Agregue las rebanadas de tomate, un poco de pesto y sirva.

CARPACCIO DE PEPINO
con VINAGRETA DIJON

Para 4 personas

1 pepino grande sin pelar y sin las puntas

El jugo de 1 limón amarillo

1½ cucharaditas de mostaza Dijon

1 diente de ajo, picado en pedazos muy pequeños

¼ de cucharadita de pimienta rosada recién molida

¼ de taza de aceite de oliva extra virgen

1 puerro, sin las puntas, sólo la parte blanca, finamente picado

1 bloque de queso parmesano-reggiano de 2 a 3 onzas, laminado con una mandolina o con un pelador de vegetales

¼ de taza de hojas de perifollo

Siempre estoy buscando formas inesperadas de servir vegetales frescos que sean fuertes, crujientes, refrescantes y emocionantes de comer. En esta variación súper simple del carpaccio de res, se utiliza una económica mandolina para cortar los pepinos en rodajas finas, y luego se aderezan con una rápida vinagreta con granos de pimienta. Usted ni siquiera necesita encender el horno o calentar una cacerola para hacer esta delicia que es ideal para los días de calor.

1. Corte el pepino en rodajas muy finas con una mandolina o cuchillo afilado. Divida las rodajas en cuatro platos, colocándolas en círculo.

2. Bata el jugo de limón amarillo, la mostaza, el ajo, los granos de pimienta y 2 cucharadas de agua en un tazón pequeño. Incorpore lentamente el aceite de oliva hasta que la vinagreta esté espesa y emulsionada. Rocíe la vinagreta sobre cada plato de pepinos. Adorne con los puerros, las láminas de queso parmesano-reggiano, el perifollo y sirva de inmediato.

ENSALADA *DESIGNER* DE POLLO Y MANGO-*JERK*

Para 6 personas

- 2 cucharadas de condimento *jerk* caribeño
- 2 cucharadas de aceite de oliva extra virgen
- 8 presas de pollo
- 1½ tazas de mango en trozos (de ½ a ¾ de pulgada de grosor)
- 1 taza de mayonesa baja en grasa
- 2 tazas de Nueces caramelizadas (página 212)
- 4 tazas de hojas verdes tipo *baby*

Esta receta fue tan popular en mi primer restaurante, Food Café, que la gente comenzó a llamarla ensalada *Designer* debido a que el restaurante estaba situado en el District Design de Miami y, de hecho, me escribieron cartas pidiéndome la receta. La combinación de pollo especiado, vegetales verdes frescos, nueces crujientes y caramelizadas y mangos dulces es como la personalidad de Miami en un plato. Pruébela servida en una piña (vea la página 114) o convertida en un sándwich delicioso y abundante. Es necesario marinar el pollo con las especias desde la noche anterior, así que planifique con antelación.

1. Bata el adobo *jerk* y el aceite de oliva en un tazón mediano (o en una bolsa plástica y desechable con capacidad de un galón). Agregue el pollo y dele vuelta en el aceite adobado. Cubra el tazón con envoltura plástica y refrigere toda la noche.

2. Prepare una parrilla de carbones o de gas.

3. Ase el pollo por alrededor de 3 minutos de cada lado hasta que ambos tengan marcas de parrilla y la carne esté completamente cocinada. Pase el pollo a una tabla de cortar y deje reposar por alrededor de 10 minutos hasta que el pollo esté completamente frío antes de cortarlo en tiras finas en sentido transversal.

4. Mezcle el mango y la mayonesa en un tazón grande. Añada las nueces y las tiras de pollo y revuelva suavemente hasta recubrir. Cubra el tazón con envoltura plástica y enfríe en el refrigerador.

5. Divida las hojas verdes tipo *baby* en seis platos. Finalice cada plato con un poco de la ensalada de pollo y sirva.

continuado

VARIACIÓN: *Ensalada Designer de pollo y mango-jerk en una piña*

Prepare la ensalada de pollo según las instrucciones. Agregue a la ensalada 1½ tazas de piña fresca en trozos finamente picados así como ⅓ de taza de coco rallado no dulce. Sirva en un bote de piña (vea abajo) con algunas rodajas de fresa por encima.

Cómo hacer un bote de piña   Hacer un bote de piña toma algunos minutos, pero es una presentación fantástica e ingeniosa. Puede rellenarlo con una ensalada de pollo, una ensalada de frutas o incluso con una ensalada de hojas verdes.

Coloque una piña madura y fresca en una superficie para cortar y parta el cuarto superior a lo largo, dejando al descubierto la fruta y las hojas puntiagudas intactas. Envuelva el pedazo delgado de piña en plástico y reserve para otro uso. Horade el interior de la piña, dejando un perímetro de ½ pulgada alrededor de los bordes de la cáscara. Haga cortes profundos con el cuchillo sin cortar la cáscara o la parte inferior de la piña. Corte el interior a lo largo a intervalos de 1 pulgada, y luego en sentido transversal a intervalos de 1 pulgada. Saque los trozos de piña con una cuchara frutera y deje a un lado la cáscara ahuecada. (Corte los trozos en cubos más pequeños en caso de hacer la ensalada tropical de pollo que aparece arriba). Llene el bote de piña con una ensalada de pollo o una de frutas.

POLLO *con* CÍTRICOS Y CERVEZA

Para 4 personas

PARA LA MANTEQUILLA CON HIERBAS

- 2 cucharadas de mantequilla sin sal, a temperatura ambiente
- 2 cucharadas de aceite de oliva extra virgen
- ½ taza de hojas de perejil liso, finamente picadas
- ¼ de taza de albahaca fresca, finamente picada
- ¼ de taza de cilantro fresco, finamente picado
- 2 cucharadas de tomillo fresco, finamente picado

PARA EL POLLO

- 1 cebolla amarilla mediana, partida en cuatro y luego en rodajas en sentido transversal
- 1 zanahoria, partida a la mitad y luego en rodajas en sentido transversal
- ½ tallo de apio, partido en rodajas delgadas
- 5 ramas de tomillo fresco
- 1 diente de ajo, finamente picado
- 1 limón amarillo, partido a la mitad, y una mitad cortada en rodajas de ½ pulgada de grosor en sentido transversal
- ½ naranja, cortada en rodajas de ½ pulgada de grosor en sentido transversal

Esta receta de pollo con cerveza no sólo da como resultado un pollo increíblemente herboso, sino que también queda super húmedo y jugoso, y la piel, hermosa y crujiente. La cerveza vaporiza el pollo desde su interior. El ácido del limón amarillo hace que la piel sea crujiente y maravillosa mientras que la mantequilla con hierbas, repleta de perejil, albahaca, cilantro y tomillo, está llena de sabores frescos, atrevidos y poderosos. Sirva con una Salsita de tomate y aguacate (página 101).

1. Prepare una parrilla de carbón o de gas a fuego medio-alto. Cierre la tapa y lleve la temperatura a 400°F.

2. Para hacer la mantequilla de hierbas, coloque la mantequilla, el aceite de oliva, el perejil, la albahaca, el cilantro y el tomillo en el tazón de un procesador de alimentos y mezcle hasta que todo esté suave. Deje a un lado.

3. Para hacer el pollo, coloque la cebolla, las zanahorias, el apio, el tomillo, el ajo, el limón amarillo y la naranja en la parte inferior de una bandeja de aluminio cuadrada y desechable de 8 pulgadas, y mezcle con las manos. Haga un círculo en el centro de la bandeja (aquí es donde deberá colocar el pollo) y deje la bandeja a un lado.

4. Enjuague el pollo bajo un chorro de agua fría y luego exprima el medio limón amarillo restante sobre el pollo. Seque el pollo con papel toalla. Frótelo con la sal y la pimienta y luego use una espátula de caucho (o las manos) para untar la mantequilla de hierbas en la superficie del pollo.

5. Coloque en la parrilla la bandeja de aluminio con los vegetales. Destape la lata de cerveza y ponga el pollo encima, de modo que la lata de cerveza quede en la cavidad del ave. Co-

continuado

1 pollo de 3½ a 4 libras

1 cucharadita de sal kosher

½ cucharadita de pimienta negra recién molida

1 lata de cerveza de 24 onzas (de cualquier tipo)

½ taza de jugo de naranja fresco

loque el pollo en posición vertical en el centro de la bandeja de aluminio. Utilice las manos para amontonar los vegetales alrededor de la cerveza. Vierta el jugo de naranja sobre los vegetales, cierre la tapa de la parrilla y ase el pollo por alrededor de 1½ horas hasta que los jugos en la unión de la pierna y el muslo circulen libremente y la temperatura del pollo en la parte del muslo con más carne marque 165°F.

6. Retire con cuidado el pollo y la lata de cerveza del asador utilizando pinzas y toallas de cocina, y coloque el pollo y la lata en una superficie de cortar. Sostenga la lata de cerveza con pinzas o con varias hojas de papel toalla, y luego retire el pollo con cuidado y colóquelo nuevamente en la superficie de cortar (deseche la lata de cerveza). Cubra el pollo con papel aluminio y déjelo reposar a un lado por 10 minutos. Deseche los vegetales de la bandeja. Corte el pollo y sirva.

COSTILLITAS *con* MANGO A LA BARBACOA

PARA LAS COSTILLAS

- 4 tiras de costillitas de cerdo
- 2 cucharaditas de adobo caribeño *jerk*
- 2 cucharaditas de cilantro en polvo
- 2 cucharaditas de tomillo seco
- 2 cucharaditas de pimentón dulce
- 1 cucharadita de sal kosher

PARA LA SALSA BARBACOA

- 2 cucharadas de mantequilla sin sal
- 2 tallos de apio, finamente picados
- 2 puerros, sólo la parte blanca y la verde clara, finamente picados
- 1 cebolla amarilla grande, finamente picada
- 2 dientes de ajo, picados en pedazos muy pequeños
- 2¹/₂ tazas de jugo de mango
- 2 tazas de kétchup
- 1¹/₂ tazas de Caldo de carne (página 210) o de caldo de carne comprado
- ¹/₂ taza de jugo de maracuyá
- ¹/₂ taza de vinagre de champaña
- ¹/₄ de taza de vinagre blanco destilado
- ¹/₄ de taza de jugo de limón amarillo fresco (de alrededor de 1¹/₂ limones amarillos)
- ¹/₄ de Semiglaseado simplificado de vino tinto (página 208)
- ¹/₄ de taza de ron oscuro
- 2 cucharadas de salsa de chile asiática picante
- 3 cucharadas de salsa inglesa

¡Estas costillas son impresionantes! Las especias del adobo seco, incluyendo el sazonador *jerk*, el cilantro y el tomillo, impregnan la carne, mientras que pringarla con la salsa casera de mango dulce y pegajosa a la barbacoa (también es fantástica con pollo y chuletas de cerdo a la parrilla) hace que sea maravillosa y que uno termine lamiéndose los dedos. Me inspiré para crear el adobo seco en Curtis Stone, mi amigo y coanfitrión del programa *America's Next Great Restaurant*. Es una gran idea y me encanta la forma en que crea un sabor doble en las costillas (las costillas se impregnan con el adobo seco por dos horas o durante toda la noche, y luego son marinadas por segunda vez en salsa barbacoa por dos horas antes de llevarlas al asador). Ase las costillas a fuego bajo y lento para asegurarse de que estén tan tiernas que se desprendan de los huesos. Puede hornearlas hasta con un día de antelación, refrigerarlas y luego terminarlas en la parrilla.

1. Enjuague las tiras de costillas en agua fría de la llave y luego séquelas ligeramente. Mezcle el condimento *jerk*, el cilantro, el tomillo, el pimentón dulce y la sal en un tazón pequeño. Agregue las costillas y unte las especias por los dos lados de las tiras. Coloque una hoja de papel aluminio en el área de trabajo, coloque una tira de costillas encima y cubra con la misma hoja de papel aluminio (envuelva la tira para que la costura abierta del papel quede sobre la tira). Repita con las otras 3 tiras y refrigere por un mínimo de 2 horas o toda la noche.

2. Para hacer la salsa barbacoa, derrita la mantequilla en una olla mediana a fuego medio. Agregue el apio, los puerros,

continuado

- 1 cucharadita de mostaza seca preparada
- 1 cucharadita de canela en polvo
- 1 cucharadita de sal kosher

las cebollas y el ajo, y cocine de 4 a 5 minutos hasta que las cebollas comiencen a ablandarse. Agregue el jugo de mango, el kétchup, el caldo de carne, el jugo de maracuyá, el vinagre de champaña, el vinagre blanco, el jugo de limón amarillo, el semiglaseado de vino tinto, el ron, la salsa de chile, la salsa inglesa, la mostaza, la canela y la sal. Aumente el fuego a alto y hierva. Reduzca el fuego a medio-bajo y cocine por alrededor de 2 horas a fuego lento hasta que la salsa esté espesa y reducida a la mitad.

3. Precaliente el horno a 350°F.

4. Saque las tiras del refrigerador, colóquelas en dos bandejas para hornear con bordes y hornee durante 1 hora. Retire las bandejas del horno, abra los paquetes de papel de aluminio y escurra los jugos acumulados. Vierta 1 taza de la salsa barbacoa en un tazón pequeño y utilice una brocha de pastelería para untar un poco de salsa en ambos lados de las tiras de costillas. Vuelva a sellar los paquetes de aluminio y refrigere las costillas por 2 horas.

5. Prepare una parrilla de carbón o de gas a fuego medio-alto.

6. Mientras se calienta la parrilla, retire las costillas del refrigerador, coloque en una superficie de trabajo y abra los paquetes de aluminio. Vierta otra taza de salsa barbacoa en un tazón pequeño y utilícela para adobar ambos lados de las costillas. Deje reposar a temperatura ambiente por un mínimo de 15 minutos.

7. Vierta 2$\frac{1}{2}$ tazas de la salsa barbacoa en un tazón mediano. Cuando la parrilla esté caliente, coloque cada tira de costillas con el lado de los huesos hacia abajo y vierta un poco de salsa barbacoa encima. Ase por alrededor de 15 minutos hasta que los bordes de las costillas estén crujientes y carbonizados, rociando alrededor de media taza de salsa barbacoa en las costillas cada 3 minutos.

8. Caliente la salsa barbacoa restante (alrededor de 1$\frac{1}{2}$ tazas) en un cacerola pequeña a fuego medio-alto. Retire las costillas de la parrilla y córtelas en tiras de 8 costillas. Sirva con salsa barbacoa caliente al lado.

REMOLACHAS Y PAPAS ASADAS
con AJOS

Para 6 personas

2 remolachas doradas, peladas y cortadas en cubos de 1 pulgada

2 remolachas rojas, peladas y cortadas en cubos de 1 pulgada

2 papas grandes (preferiblemente papas moradas peruanas, *Yukon gold* o rojas), peladas y cortadas en cubos de 1 pulgada

1/3 de taza de aceite de oliva extra virgen

6 dientes de ajo, picados en pedazos muy pequeños

3/4 de taza de cilantro fresco, finamente picado

1 cucharada de tomillo fresco, finamente picado

1 1/2 cucharadas de sal kosher

1 cucharada de pimienta negra recién molida

Al igual que los tomates y el maíz, las papas son nativas de América Latina. Asadas a la parrilla con remolachas rojas y doradas, ajo y aceite de oliva, las papas de esta receta adquieren una terrosidad dulce y un toque ahumado. Terminado con cilantro verde brillante, ¡este plato es casi tan agradable a la vista como lo es al paladar!

1. Si usa una parrilla de gas, caliente a fuego medio-alto, dejando apagado el quemador del centro. Si usa una parrilla de carbón, amontone las brasas a un lado y encienda un fuego bien caliente.

2. Coloque las remolachas doradas, las remolachas rojas, las papas, el aceite de oliva, el ajo, 1/4 de taza de cilantro, el tomillo, la sal y la pimienta en una bandeja desechable de aluminio de 9 por 13 pulgadas y mezcle los vegetales para cubrir uniformemente.

3. Coloque la bandeja en la parrilla (si utiliza una parrilla de carbón, coloque la bandeja sobre el lado sin carbones) y cubra. Mantenga una temperatura de 400°F por alrededor de 30 minutos hasta que un cuchillo de partir perfore fácilmente las remolachas y las papas. Retire la bandeja de la parrilla. Pase los vegetales a un plato de servir, espolvoree con la 1/2 taza restante de cilantro y sirva.

¿Sabía que...?

Este plato también funciona a la perfección en un horno convencional. Ase los vegetales a 400°F por alrededor de 35 minutos hasta que un cuchillo de pelar se deslice fácilmente en las remolachas y las papas, revolviendo a mitad del horneado.

CHURRASCO y RÚGULA con CHIMICHURRI DE PIMENTONES CONFITADOS

Para 4 personas

- ½ taza de Pimentones rojos confitados, finamente picados (alrededor de ½ cantidad de la receta de la página 201)
- ¼ de taza de líquido de pimentones confitados
- ¼ de taza de alcaparras, encurtidas, enjuagadas y finamente picadas
- ¼ de taza de hojas de perejil liso, finamente picadas
- 2 cucharadas de cilantro fresco, finamente picado
- 6 dientes de ajo, picados en pedazos muy pequeños
- 2 chalotes, picados en pedazos muy pequeños
- ½ taza de aceite de oliva extra virgen

PARA LA CARNE

- 4 filetes de falda de 8 onzas
- 2 cucharadas de sal marina gruesa, más ½ cucharadita
- 1 cucharada de pimienta negra recién molida, más ⅛ de cucharadita
- 3 cucharadas de aceite de oliva extra virgen
- 1 cucharada de jugo de limón amarillo fresco
- 4 tazas de rúgula tipo *baby*
- 1 taza de tomates cherry en mitades

En América Latina, «churrasco» es un término utilizado para un corte de carne sin hueso que se asa rápidamente en la parrilla. Generalmente nos estamos refiriendo al filete de falda —un corte jaspeado con grasa, lo que le da un gran sabor y mucha jugosidad a la carne—. El churrasco se sirve generalmente con chimichurri, una salsa clásica y avinagrada con perejil, ajo y orégano. Le doy un giro añadiendo pimentones confitados para un toque fuerte y agridulce.

1. Para hacer el chimichurri, coloque los pimentones confitados en un tazón mediano con su líquido, las alcaparras, el perejil, el cilantro, el ajo y los chalotes, y bata para combinar. Incorpore lentamente el aceite de oliva hasta que la mezcla esté espesa y emulsionada. Deje a un lado.

2. Prepare una parrilla de carbón o de gas.

3. Sazone ambos lados de los filetes de falda con 2 cucharadas de la sal y 1 cucharada de la pimienta negra y lleve a la parrilla. Cocine sin mover, por alrededor de 5 minutos, hasta que la carne tenga marcas de parrilla. Dé vuelta los filetes y cocine el otro lado hasta que tengan marcas de parrilla y la carne esté cocinada a su gusto —alrededor de 3 minutos para término rojo, 4 minutos para término medio y 5 minutos más para tres cuartos—. Utilice pinzas para pasar los filetes a un plato grande y reserve.

4. Mientras deja reposar los filetes, mezcle el aceite de oliva, el jugo de limón amarillo, la ½ cucharadita de sal y el ⅛ de cucharadita de pimienta negra restantes en un tazón grande. Añada la rúgula y los tomates cherry y revuelva suavemente para recubrir.

5. Acomode los 4 filetes en forma circular en un plato grande. Llene el centro del círculo con la rúgula y los tomates y sirva el chimichurri a un lado.

VEGETALES A LA PARRILLA *con* BALSÁMICO

Para 6 personas

1 cabeza grande de ajo, con el tercio superior cortado para dejar los dientes al descubierto

¼ de taza de aceite de oliva extra virgen, más 1 cucharadita

1 manojo de espárragos medianamente gruesos, sin las puntas duras

1 calabacín grande, sin las puntas y cortado en julianas de 3 a 4 pulgadas de largo y ¼ de pulgada de grosor en sentido transversal

1 calabaza amarilla de verano grande, sin las puntas, cortada en rebanadas de 3 a 4 pulgadas de largo y ¼ de pulgada de grosor en sentido transversal

1 pimentón rojo grande, partido a la mitad y a lo largo, sin semillas y en tiras de 2 pulgadas de ancho

1 pimentón amarillo grande, partido a la mitad y a lo largo, sin semillas y en tiras de 2 pulgadas de ancho

1 pimentón verde grande, partido a la mitad y a lo largo, sin semillas y en tiras de 2 pulgadas de ancho

2 cucharadas de vinagre balsámico

1½ cucharaditas de sal kosher, y más al gusto

¾ de cucharadita de pimienta negra recién molida, y más al gusto

1 baguette fresca, en rodajas

Dejar que los vegetales reposen por un rato en un adobo balsámico antes de asar a la parrilla les da una maravillosa dulzura que recuerda al ajo y que incluso quienes no son aficionados a los vegetales no pueden resistir. Coloque los vegetales en tiras largas y delgadas y en sentido transversal en la parrilla para que se cocinen de forma rápida y no caigan al fuego. Es muy importante cortar todos los vegetales de manera uniforme para que se cocinen al mismo tiempo. Normalmente suelo preparar porciones dobles para tener sobras para el almuerzo del día siguiente; los vegetales asados son excelentes en una baguette fresca y con un poco de salsita por encima. El ajo asado a la parrilla es un lujo adicional. Pruébelo esparcido sobre pan crujiente y cómalo junto con los vegetales o simplemente con cualquier cosa.

1. Prepare una parrilla de carbón o de gas.

2. Coloque el ajo con los dientes hacia arriba en el centro de un pedazo cuadrado de papel aluminio de 6 pulgadas. Rocíe 1 cucharadita del aceite de oliva sobre los dientes y lleve los extremos del papel hasta la parte superior de la cabeza de ajo para juntarlos y sellar el paquete. Coloque el paquete en la parrilla.

3. Coloque los espárragos en un recipiente mediano. Coloque el calabacín y la calabaza amarilla en otro tazón mediano. Coloque las rodajas de pimentones en un tercer recipiente mediano.

4. En un tazón pequeño, mezcle el cuarto de taza de aceite de oliva restante, el vinagre, la sal y la pimienta. Rocíe un tercio de la mezcla sobre los espárragos, un tercio más sobre los ca-

labacines y la calabaza amarilla, y un tercio más sobre los pimentones, revolviendo para recubrir uniformemente los vegetales con la vinagreta. Sazone con sal y pimienta negra.

5. Pase los vegetales a la parrilla sacándolos de la vinagreta y dejando escurrir cualquier exceso de líquido. Coloque en la parrilla de modo que todos los espárragos ocupen un tercio de esta, el calabacín y la calabaza amarilla otro tercio y los pimentones el otro tercio.

6. Ase los espárragos por alrededor de 5 minutos en total, dándoles vuelta a mitad de la cocción, hasta que estén ligeramente blandos y carbonizados. Utilice pinzas para pasarlos de la parrilla a un plato de servir. Cocine el calabacín y la calabaza amarilla por alrededor de 4 minutos por lado hasta que tengan marcas de parrilla y la calabaza esté tierna. Ase los pimentones por alrededor de 5 minutos por lado hasta que tengan marcas de parrilla y las rebanadas estén un poco blandas. Retire el ajo de la parrilla.

7. Coloque las rebanadas de pan en la parrilla por 1 minuto o 2 para tostar ligeramente. Sirva los vegetales calientes o a temperatura ambiente con el ajo asado y el pan a la parrilla a un lado.

REPOLLITOS DE BRUSELAS AHUMADOS A LA PARRILLA *con* CINTAS DE QUESO PARMESANO-REGGIANO

Para 4 personas

10 onzas de repollitos de Bruselas (alrededor de 3 tazas), sin las puntas y partidos a la mitad

2 cucharadas de Aceite picante de pimentones cherry (página 198) o de aceite de oliva extra virgen

1 cucharada de jugo de limón amarillo fresco

1/2 chalote, cortado en bastones de 1/8 de pulgada

3 dientes de ajo, cortados en bastones de 1/8 de pulgada

1 1/2 cucharaditas de sal kosher

2 onzas de queso parmesano-reggiano, cortado en láminas con un pelador de vegetales (opcional)

Mientras que en muchas recetas hay que hervir o tostar estas cabezas de repollo diminutas, asar los repollitos de Bruselas a la parrilla les da una riqueza ahumada. El queso parmesano-reggiano, el ajo y los chalotes también realzan su sabor terroso.

1. Prepare una parrilla de carbón o de gas. Coloque una bandeja de aluminio desechable, grande y poco profunda sobre la parrilla.

2. Vierta los repollitos de Bruselas, el aceite de pimentones cherry, el jugo de limón amarillo, el chalote, el ajo y la sal en un tazón grande y revuelva para combinar. Vierta en la bandeja caliente y cocine de 2 a 3 minutos hasta que estén al dente y comenzando a marchitarse. Utilice una espátula ancha para dar vuelta los repollitos cortados por la mitad, dejando que el otro lado se coloree antes de pasarlos a un recipiente para servir. Cubra con las láminas de queso parmesano-reggiano, en caso de que desee usarlo, y sirva.

COCINAR CON AMOR: PLATOS PARA CELEBRAR

Me siento más feliz cuando estoy en casa, rodeada de amigos y familiares y cocinando para ellos —después de todo, la cocina consiste en hacer feliz a la gente—. Estas son las recetas que preparo cuando quiero descansar, relajarme y disfrutar.

Las pastas, sopas y carnes cocinadas a fuego lento, y las salsas ricas y con varias capas, son los platos que más me reconfortaban de niña y son las recetas a las que sigo recurriendo cuando cocino para la mayoría de las personas importantes en mi vida. La cultura italiana es una gran parte de la vida en Venezuela, comenzando por el nombre de nuestro país (la palabra Venezuela viene de Venezia, o Venecia) y pasando por la arquitectura y los alimentos. Recuerdo haber visto al mejor amigo de mi madre, que era italiano, preparando la clásica salsa de tomate italiana y empacándola en tantos frascos de vidrio como para un año entero.

Cuando la gente está tan hambrienta que golpea la mesa con cuchillos y tenedores, me concentro en platos rápidos que utilizan atajos, como el sofrito, para crear una base de sabor, y el fuego alto para caramelizar las carnes y vegetales, creando sabores profundos de una manera rápida. Por otro lado, si tengo toda una tarde o un día entero, preparo ragús y salsas de sabores profundos que requieren tiempo. Las pruebo de tanto en tanto, anticipando el final del día, ¡cuando nos daremos gusto a lo grande!

Cocinar es una forma de mostrar mi amor por las personas que más me importan. Es la forma en que fui criada y como me gusta tratar a quien viene a mi mesa.

TELITAS *con* QUESO

Para 8 telitas

- 1 taza de harina de maíz P.A.N. o masarepa
- 1 taza de queso fresco
- ½ taza de queso parmesano-reggiano
- 1 cucharada de albahaca fresca finamente picada
- 1 cucharada de aceite de oliva extra virgen, y más para formar las telitas, si es necesario
- ¾ de cucharadita de sal kosher
- 1 pizca de pimienta negra recién molida

Mi mamá solía hacerme estas telitas rellenas de queso cuando yo era niña y vivía en Venezuela. Entraba silenciosamente a mi dormitorio, susurraba «Telitas» y yo sabía que una pila de telitas recién asadas me estaba esperando en la mesa. Más gruesa que una tortilla pero más delgada que una arepa, una telita es crujiente y dorada por fuera, y tiene un relleno de queso derretido. Su nombre viene de la palabra «tela», que es también un tipo de queso latino, muy blando, suave y sabroso. Las telitas son muy rápidas de hacer, lo que significa que puede tenerlas en su plato, desde el principio de la preparación hasta el final, en menos de veinte minutos. Son muy versátiles y deliciosas en cualquier momento del día como un *snack* o un acompañamiento (igual que las tortillas). Pruébelas con el Guacamole machacado (página 100) o con la Carne mechada (página 162). La harina P.A.N. o la masarepa de maíz y el queso fresco se pueden conseguir en los mercados latinos y en algunos supermercados. Vea las páginas xvii–xxiv para obtener más información acerca de estos ingredientes latinos.

1. Coloque la harina de maíz, el queso fresco, el parmesano-reggiano, la albahaca, 1 cucharada del aceite de oliva, la sal y la pimienta en un tazón grande y revuelva para combinar. Vierta ¾ de taza de agua sobre la mezcla y utilice una cuchara de madera para mezclar los ingredientes hasta formar una bola rústica de masa.

2. Pase la masa a una tabla de cortar y amase por alrededor de 10 minutos hasta que la masa no esté pegajosa y sea muy maleable, como la plastilina.

continuado

3. Divida la masa en 8 partes iguales y forme una bola con cada una. Coloque una hoja de envoltura plástica de 14 pulgadas de largo en una superficie de trabajo y rocíe ligeramente toda la hoja con aerosol vegetal antiadherente para cocinar. Coloque una bola de masa en la mitad inferior de la hoja y doble la mitad superior sobre la masa. Usando una prensa para tortillas, un rodillo o las manos, presione la bola de masa en un disco de 1/8 de pulgada de grosor y obtendrá la telita. Retire la envoltura de plástico, coloque el disco de masa en una bandeja para hornear ligeramente engrasada, y deje a un lado. Reutilice el papel plástico (vuelva a engrasar cuando sea necesario) para formar las 7 bolas de masa restantes.

4. Caliente una sartén mediana a fuego medio-alto. Deslice una espátula debajo de una telita y colóquela en la sartén caliente. Cocínela de 3 a 4 minutos hasta que esté dorada y crujiente. Dele vuelta y dore el otro lado de 3 a 4 minutos más. Coloque la telita en un plato y repita con los discos de masa restantes, apilando cada uno sobre el otro. Sirva calientes, enteras o partidas en cuatro.

VARIACIÓN: *Pizza de telitas con prosciutto*

Después de cocinar un lado de la telita, dele vuelta y esparza 1 1/2 cucharaditas de mascarpone con albahaca para untar (vea las notas de la receta de la página 133) en el lado dorado. Coloque una rebanada de tomate encima y luego una rebanada de prosciutto y 1 cucharada de queso parmesano-reggiano rallado. Retire de inmediato la pizza de la sartén, coloque en un plato y sirva.

PASTA DE PROSCIUTTO Y CILANTRO CON RICOTTA PARA UNTAR EN PAN

Para 4 personas

- 1 taza de hojas de cilantro fresco, sueltas
- 1 taza de queso ricotta
- 1 pizca de sal kosher
- 1 pizca de pimienta negra recién molida
- 1 baguette, cortada en 16 rebanadas finas y en sentido transversal
- 16 rebanadas de prosciutto

Congelar hierbas frescas y tiernas como la albahaca y el cilantro desde la noche anterior para pulverizarlas, da como resultado una intensidad que lleva esta mezcla a un nivel más alto. Además, es una buena manera de preservar estos ingredientes frágiles. Aquí, la mezcla es rematada con prosciutto en rodajas finas para crear bocados más suculentos, pero puede prescindir de este último ingrediente para contar con una opción sin carne. ¡Tiene que probarlo esparcido entre las capas de telitas aún calientes! (Vea la página 131). El ricotta se derrite como la mantequilla, mientras que el sabor increíblemente vibrante del cilantro se destaca por completo. La mezcla puede prepararse con albahaca fresca y queso mascarpone para un sabor más italiano, y se puede refrigerar hasta por una semana.

1. Coloque las hojas de cilantro en papel toalla, dóblelo suavemente sobre las hierbas e introdúzcalo en una bolsa de plástico resellable para congelador. Congele el cilantro desde la noche anterior.

2. Retire el cilantro del congelador y colóquelo en el tazón de un procesador de alimentos. Agregue la ricotta, la sal y la pimienta. Procese la mezcla hasta que esté suave. Pase la mezcla a un recipiente hermético y refrigere hasta que vaya a utilizar.

3. Esparza un poco de la mezcla de ricotta y cilantro en cada rebanada de pan. Cubra con una rebanada de prosciutto y sirva.

ALITAS DE POLLO *con* JENGIBRE ESPECIADO *y* NARANJAS GLASEADAS

Para 6 personas

1/2 taza de jugo de naranja fresco

1/4 de taza de salsa hoisin

3 cucharadas de jugo de limón amarillo fresco (de 1 limón amarillo)

1 cucharada de aceite de canola

1/4 de taza de azúcar

3 dientes de ajo, picados en pedazos muy pequeños

1 pedazo de jengibre fresco de 2 pulgadas, pelado y picado en pedazos muy pequeños (alrededor de 2 cucharadas)

2 libras de alas de pollo

3 cebollines, sólo la parte blanca y la verde clara, en rodajas finas

Fáciles, jugosas y con sabor a jengibre, las alas de pollo son perfectas cuando se tiene una multitud de invitados. Una pizca de cebollines frescos justo antes de servir da a las alas frescura y un sabor intenso. Son mejores si se sirven como aperitivo o para acompañar otros alimentos para picar, como el Guacamole machacado (página 100) y las empanaditas (páginas 33 y 35). Tenga en cuenta que las alas deben ser marinadas toda la noche o hasta por tres días para que alcancen el mayor potencial de su sabor. También puede marinarlas y luego congelarlas en una bolsa plástica resellable de congelador con capacidad de un galón. Descongélelas por completo en el refrigerador y estarán listas para asar.

1. Vierta el jugo de naranja, la salsa hoisin, el jugo de limón amarillo y el aceite de canola en una bolsa de plástico resellable con capacidad de un galón. Añada el azúcar, el ajo y el jengibre. Selle y agite vigorosamente para mezclar. Agregue las alitas de pollo y deles vuelta para recubrir con el adobo. Selle la bolsa y refrigere toda la noche o hasta por 3 días.

2. Precaliente el horno a 400°F. Cubra con papel aluminio una bandeja para hornear con bordes.

3. Retire las alas de la bolsa y colóquelas en la bandeja. Ase las alas por alrededor de 45 minutos hasta que estén doradas y brillantes. Retire del horno y déjelas enfriar 5 minutos. Pase las alas de pollo a un plato de servir, espolvoree con el cebollín y sirva.

SOPA DE LENTEJAS, PAPAS y TOCINO

Para 6 personas

8 a 10 tazas de Caldo de carne (página 210) o de caldo de carne comprado

2 tazas de lentejas, enjuagadas y escurridas

4 tajadas de tocino, finamente picado

1 taza de Sofrito básico (página 202)

1 papa pequeña *Yukon gold*, pelada y finamente picada

1 cucharada de comino en polvo

1½ cucharaditas de ajo en polvo

1 hoja de laurel

½ taza de cilantro fresco, finamente picado

½ taza de hojas de perejil liso, finamente picado

¼ de taza de tomillo fresco, finamente picado

2 cucharadas de aceite de oliva extra virgen

1 cucharada de sal kosher

1 cucharadita de pimienta negra recién molida

Cuando se trata de platos latinos para acompañar, todo el mundo se imagina de forma automática frijoles negros o rojos servidos sobre un plato de arroz blanco esponjoso y al vapor. Pero en Argentina y Venezuela, las lentejas son servidas con tanta frecuencia como los frijoles negros y rojos, ya sea como acompañamiento o como una rica sopa. Bien sea que la sopa sea diluida y caldosa, o espesa y semejante a un guiso, las lentejas son un plato que contiene muchas proteínas y es una comida saludable y de muy bajo costo. Puede servir la sopa como está, cocinarla por más tiempo para obtener una sopa más espesa y sustanciosa —como una sopa estilo guisado— o licuarla toda o parcialmente para una consistencia cremosa.

1. Hierva el caldo de carne en una olla grande. Añada las lentejas y hierva durante 3 minutos. Reduzca el fuego a medio-bajo y cocine a fuego lento por alrededor de 45 minutos hasta que estén al dente.

2. Mientras tanto, coloque el tocino en una sartén grande a fuego medio-alto. Cocine de 3 a 5 minutos revolviendo ocasionalmente, hasta que el tocino comience a volverse crujiente. Reduzca el fuego a bajo, agregue el sofrito, las papas, el comino, el ajo en polvo y la hoja de laurel, y cocine por alrededor de 5 minutos hasta que las papas comiencen a ablandarse en los bordes. Retire la hoja de laurel y deseche. Vierta la mezcla de sofrito en la olla con las lentejas.

3. Añada el cilantro, el perejil, el tomillo, el aceite de oliva, la sal y la pimienta, y cocine por alrededor de 15 minutos hasta que las lentejas estén muy suaves, pero sin que se desintegren. Divida la sopa en seis tazones y sirva de inmediato.

CHUPE DE POLLO *y* ARROZ

Para 6 personas

2 libras de pechugas o de muslos de pollo sin hueso

4 cucharadas de jugo de limón amarillo fresco (de alrededor de 1½ limones amarillos)

1 cucharada de sal kosher

1 cucharadita de pimienta negra recién molida

2 cucharadas de aceite de oliva extra virgen

8 tazas de Caldo de pollo (página 211) o de caldo de pollo comprado

2 puerros, sólo la parte blanca y la verde clara, sin las puntas, partidos a la mitad y en rodajas finas

1 papa roja, pelada y cortada en cubos de ½ pulgada

1 zanahoria, cortada en pedazos de ½ pulgada

1¼ tazas de arroz blanco de grano largo

½ taza de cilantro fresco, picado en trozos grandes, más 2 cucharadas de hojas enteras para servir

Un chupe es una sopa con textura, semejante al *chowder*, que se prepara típicamente en Perú (el nombre se deriva de *cioppino*, una sopa italiana similar a la *bouillabaisse*). El método de mi mamá para hacer chupe de pollo era llenar una olla con toneladas de vegetales y pollo y dejarla hervir a fuego lento en la estufa durante un día entero. La idea era que la sopa brindara todos los sabores y nutrientes de los vegetales y carnes que le agregaba. Ella servía el caldo por separado del pollo y los vegetales, con un montón de adiciones como acompañamiento: arroz blanco, aguacate, cilantro picado, jalapeños, arepas e incluso una pequeña jarra de crema para enriquecer el caldo. Hasta el día de hoy, cuando mi familia se reúne en Miami, este es el plato que ella hace. Mi versión simplificada es mucho más rápida que la de mi mamá, y es más semejante a un caldo que a una sopa. Recibe una fantástica descarga de sabor gracias al cilantro licuado y al jugo de limón amarillo fresco que se vierte al final.

1. Coloque las presas de pollo en un tazón grande. Vierta 3 cucharadas del jugo de limón amarillo sobre el pollo, sazone con la sal y pimienta y deje a un lado.

2. Caliente el aceite de oliva a fuego medio-alto en una olla grande. Agregue el pollo con la piel hacia abajo y cocine por alrededor de 5 minutos hasta que esté dorado. Vierta el caldo de pollo sobre la presa y hierva. Reduzca el fuego a medio-bajo y cocine a fuego lento por alrededor de 20 minutos hasta que el pollo esté bien cocido.

3. Añada los puerros, las papas y las zanahorias a la olla y cocine por alrededor de 5 minutos hasta que los puerros co-

continuado

miencen a ablandarse. Aumente el fuego a medio, agregue el arroz y cocine por alrededor de 20 minutos hasta que el arroz esté tierno. Apague el fuego y deje enfriar por 20 minutos.

4. Retire el pollo de la sopa y colóquelo en una tabla de cortar. Retire la carne de los huesos, deséchelos y desmenuce la carne con los dedos. Devuelva el pollo a la olla y caliente la sopa a fuego medio-alto. Añada la cucharada restante del jugo de limón y apague el fuego.

5. Vierta el cilantro picado en el tazón de un procesador de alimentos o en un vaso de licuadora junto con $1/2$ taza del caldo de la sopa y licue hasta que la mezcla esté suave. Agregue el cilantro licuado a la sopa y divida la sopa de pollo en seis tazones. Coloque unas pocas hojas de cilantro por encima y sirva.

VARIACIÓN: *Chupe de pollo con bolas de masa*

Haga la sopa siguiendo la receta anterior y omita el arroz. Mientras los puerros, las papas y las zanahorias se cocinan, haga la mitad de la masa de arepa como se indica en la página 30. Forme pedazos de masa en bolas del tamaño de canicas y añádalas a la sopa hirviendo (antes de agregar la cucharada restante de jugo de limón amarillo). Cuando las bolas de masa suban a la superficie, cocine a fuego lento por alrededor de 15 minutos hasta que estén bien cocidas. Añada el jugo de limón amarillo y el cilantro licuado, y sirva.

CRUZADO

Para 6 personas

3/4 de galón de Caldo de carne (página 210) o de caldo de carne comprado

2 zanahorias, picadas en trozos grandes

2 tallos de apio, picados en trozos grandes

1 cebolla amarilla grande, picada en trozos grandes

2 libras de jarrete (o *beef shanks*) o de carne para guisar sin hueso, cortada en trozos de 1 pulgada

2 libras de muslos de pollo con hueso, sin la piel

3 papas *Yukon gold*, peladas y cortadas en cubos de 1 pulgada

2 mazorcas de maíz, sin la cáscara y partidas en ruedas de 1 pulgada en sentido transversal

1 chirivía, pelada y picada en trozos grandes

1/2 libra de calabaza *butternut*, cortada en cubos de 1 pulgada (alrededor de 1 taza)

1 plátano semimaduro (amarillo, con algunas manchas negras en la cáscara), pelado y cortado en cubos de 1/2 pulgada

1 yuca, pelada y cortada en cubos de 1/2 pulgada

1/3 de taza de cilantro fresco, finamente picado

1/3 de taza de menta fresca, finamente picada

1/3 de taza de hojas de perejil liso, finamente picadas

1 cucharada de sal kosher

El cruzado hace referencia al corte transversal de vegetales y carnes que contiene esta sopa, que literalmente parece una mezcolanza de tubérculos vegetales, junto con abundantes jarretes y muslos de pollo. Tradicionalmente, la carne y los vegetales se sirven en un plato y el caldo colado se sirve en otro. Así que de una olla de sopa, se sacan dos. La sopa es excelente servida con un plato de Arroz blanco básico (página 204) o con una pila de Arepas venezolanas (página 30) calientes y recién horneadas a un lado y algunos aguacates cortados en cubitos y queso semifirme —como el queso fresco—, una pizca de salsa picante y cascos de limón para decorar.

1. Vierta el caldo de carne en una olla grande. Añada la zanahoria, el apio y las cebollas, y hierva la mezcla a fuego alto. Incorpore suavemente los jarretes a la olla, reduzca el fuego a bajo y cocine a fuego lento durante 30 minutos.

2. Añada el pollo, las papas, el maíz, la chirivía y la calabaza *butternut*, y cocine durante 20 minutos.

3. Añada el plátano, la yuca, el cilantro, la menta y el perejil y cocine por alrededor de 1 hora hasta que los vegetales y la carne estén muy tiernos.

4. Agregue la sal y luego coloque las hojas de repollo sobre la sopa, superponiéndolas para cubrir completamente la superficie. Cubra la olla con una tapa y cocine por 5 minutos, apague el fuego y deje reposar la sopa durante 20 minutos.

5. Para servir, lleve el arroz o las arepas y la salsa picante, en caso de que desee usarla, a la mesa. Coloque los aguacates y el queso fresco, en caso de que desee usarlo, en recipientes

continuado

6 hojas grandes de repollo verde

Arroz blanco básico (página 204)
o Arepas venezolanas (página 30),
para servir

Salsa picante (opcional)

1 aguacate Hass, partido a la mitad, sin
semilla, pelado y picado (opcional)

3 onzas de queso fresco, cortado en
cubos pequeños (alrededor de 3/4 de
taza; opcional)

1 limón, cortado en 6 cascos

separados y luego sirva el arroz o las arepas. Retire las hojas de repollo con unas pinzas y colóquelas en un tazón o plato grande. Divida la sopa en los tazones o sirva como lo hacemos en Suramérica, retirando la carne y los vegetales, poniéndolos en un tazón o plato y escurriendo el caldo a través de un cedazo de malla fina hacia una sopera u olla grande. Sirva con acompañamientos como el arroz, la salsa picante, el aguacate, el queso fresco y unos cascos de limón.

¿Sabía que...?

Puede dar un toque fresco a una salsa comprada añadiendo un chorro de vinagre blanco, un jalapeño picado o un chile serrano, una cebolla pequeña roja o blanca finamente picada o en rodajas delgadas, uno o dos dientes de ajo picados en pedazos muy pequeños y un puñado de cilantro picado. Revuelva, cubra con la tapa de nuevo y refrigere hasta que sea necesario. Se recomienda consumir la salsa en el lapso de unas pocas semanas, ¡pero yo he guardado jarras en el refrigerador hasta por dos meses!

RAGÚ DE FALDA

Para 8 personas

1 cucharada de aceite de oliva extra virgen

2¹/₂ libras de falda, sin el tejido plateado ni el exceso de grasa, cortada en pedazos de 4 pulgadas

12 dientes de ajo, picados en pedazos muy pequeños

2 zanahorias, partidas en dos y en sentido transversal

2 tallos de apio, partidos en dos y en sentido transversal

1 cebolla amarilla, partida a la mitad

1 chalote, picado en pedazos muy pequeños

8 tazas de Salsa de tomate (página 207) o de salsa de tomate comercial, pasada por un colador de malla fina

2 tazas de vino tinto seco (cabernet sauvignon, merlot o similares)

1 taza de Caldo de carne (página 210), de Caldo de pollo (página 211) o de caldo comprado de carne o de pollo

2 cucharadas de miel de agave

1 manojo de hojas de albahaca fresca

1 cucharada de sal kosher, más 1 cucharadita

¹/₂ cucharadita de pimienta negra recién molida

1 libra de penne o rigatoni

Queso parmesano-reggiano rallado para servir

Viajar es una parte muy importante de mi vida. Me siento tan inspirada por diferentes lugares, personas y cocinas que trato de recrear estos recuerdos en la cocina cuando regreso a casa. Uno de mis lugares favoritos para visitar es Italia porque mi mejor amiga, con la que crecí en Caracas, vive allí. La última vez que la visité, entré por la puerta principal y allí estaba Nella en la cocina revolviendo una hermosa olla grande de ragú, al igual que una típica mamá italiana. El olor era increíble y el ragú sabía aún mejor, repleto con el sabor de los tomates de su jardín madurados bajo el sol. En esta receta utilizo salsa de tomate italiana importada embotellada y colada porque siento que reproduce más de cerca el sabor de los tomates italianos. ¡Es un poco cara, pero es mucho más barata que un billete de avión!

1. Caliente el aceite de oliva en una olla grande a fuego alto. Añada la carne y cocine por ambos lados de 8 a 10 minutos en total hasta que esté dorada. Agregue el ajo, las zanahorias, el apio, la cebolla y los chalotes. Vierta la salsa de tomate, el vino tinto, el caldo y la miel de agave. Añada la albahaca, 1 cucharadita de sal y la pimienta, y hierva. Reduzca el fuego a mediobajo, coloque la tapa ladeada en la olla y cocine por alrededor de 4 horas revolviendo cada 20 minutos, hasta que la carne se desprenda cuando la pinche ligeramente con un tenedor.

2. Hierva agua en una olla grande. Añada la cucharada de sal restante y las penne y cocine siguiendo las instrucciones del paquete hasta que estén al dente. Escurra y vierta la pasta en la olla que tiene la salsa. Mezcle con unas pinzas, espolvoree con queso parmesano-reggiano y sirva.

ENSALADA DE QUINUA, HIGOS Y PIMENTONES DULCES

1 taza de jerez seco

¹/₂ taza de grosellas secas

1 taza de quinua

2¹/₂ tazas de Caldo de pollo (página 211) o de caldo de pollo comprado

2 cebollines, sólo la parte blanca y la verde clara, finamente picados

1 taza de higos frescos, sin las puntas y picados

1 zanahoria, finamente picada

¹/₄ de pimentón verde, finamente picado

¹/₄ de pimentón rojo, finamente picado

¹/₄ de pimentón amarillo, finamente picado

¹/₄ de taza de cilantro fresco, finamente picado

¹/₃ de taza de Vinagreta fuerte de cítricos (página 74)

La quinua, un cereal originario de Suramérica, tiene una textura maravillosamente esponjosa, un sabor dulce y a nuez y una consistencia a medio camino entre el cuscús y el arroz integral. En esta receta, su sabor terroso es realzado con higos dulces y grosellas secas. En primer lugar, las grosellas se suavizan en el jerez para que queden mantequillosas y almizcladas. La vinagreta cítrica le da viveza y carácter a la ensalada.

1. Vierta el jerez en un tazón mediano. Añada las grosellas y deje rehidratar a un lado durante 20 minutos. Escurra las grosellas, deseche el jerez y colóquelas a un lado.

2. Coloque la quinua en un colador de malla fina y enjuague bajo un chorro de agua fría. Hierva el caldo de pollo a fuego alto en una cacerola mediana. Añada la quinua y vuelva a hervir. Tape, reduzca el fuego a bajo y cocine de 20 a 25 minutos hasta que la quinua esté tierna. Vierta la quinua en un tazón grande y deje enfriar.

3. Añada el cebollín, los higos, las zanahorias, los pimentones y el cilantro a la quinua fría. Vierta la vinagreta de cítricos sobre la ensalada y revuelva suavemente para mezclarla. Sirva de inmediato o refrigere por un máximo de 3 días. La ensalada se puede servir fría o a temperatura ambiente.

CORBATINES CREMOSOS *de* CAMARONES *con* LIMÓN AMARILLO

Para 4 personas

1 libra de pasta farfalle (corbatines)

2 cucharadas de aceite de oliva extra virgen

6 dientes de ajo, picados en pedazos muy pequeños

2 chalotes, picados en pedazos muy pequeños

1½ libras de camarones grandes, desvenados y partidos a la mitad y a lo largo

1 cucharadita de sal kosher

La ralladura y el jugo de 1 limón amarillo

¼ de taza de Caldo de pollo (página 211) o de caldo de pollo comprado

¼ de taza de vino blanco (pinot grigio o similares)

2½ tazas de crema batida

1½ tazas de queso parmesano-reggiano rallado, y más para servir

1 cucharada de hojas de perejil liso, picadas en pedazos muy pequeños

¼ de taza de tomates frescos, finamente picados, para servir (opcional)

El fuego alto realza el sabor acre del ajo y del cebollín, y carameliza los camarones en este decadente plato de pasta estilo Alfredo. El jugo de limón amarillo y el vino blanco le añaden frescura y sabor, mientras que un toque de crema y de queso parmesano-reggiano le da esa cremosidad maravillosamente rica por la que la salsa Alfredo es famosa.

1. Hierva agua salada en una olla grande. Añada las farfalle y cocine según las instrucciones del paquete hasta que estén al dente. Escurra, vierta de nuevo en la olla y deje a un lado.

2. Caliente el aceite de oliva, el ajo y los chalotes a fuego alto en una sartén grande por alrededor de 30 segundos revolviendo con frecuencia, hasta que el ajo esté fragante. Agregue los camarones y la sal, revolviendo los camarones por alrededor de 2 minutos hasta que comiencen a tener un color rosado. Con unas pinzas, pase los camarones a un tazón grande y déjelos a un lado. Trate de dejar tantos chalotes y ajo en la sartén como sea posible.

3. Añada la ralladura y el jugo de limón amarillo, el caldo de pollo y el vino blanco a la sartén y hierva. Reduzca el fuego a medio-alto y cocine hasta que el líquido se reduzca a la mitad. Vierta la crema en el caldo hirviendo y cocine de 8 a 10 minutos hasta que espese. Añada el queso parmesano-reggiano rallado hasta que se derrita por completo. Continúe revolviendo a fuego alto por alrededor de 5 minutos hasta que la salsa espese un poco.

4. Regrese los camarones a la sartén y cocine por 1 minuto. Apague el fuego, revuelva ½ taza de la salsa con la pasta y luego divida la pasta en cuatro platos. Divida el resto de la salsa uniformemente sobre cada plato de pasta, espolvoree con el queso parmesano-reggiano, el perejil y los tomates (en caso de que desee usarlos) y sirva.

BOLOÑESA DE MARISCOS

Para 6 personas

2 cucharadas de aceite de oliva extra virgen

6 onzas de anillos de calamares de ⅛ de pulgada de grosor

6 dientes de ajo, picados en pedazos muy pequeños

1 chalote grande, picado en pedazos muy pequeños

3 tazas (alrededor de 1 libra) de carne de cangrejo desmenuzada, fresca o enlatada

6 onzas de filetes de salmón sin piel, cortados en cubos de ½ pulgada

¼ de taza de vino blanco seco (pinot grigio o similares)

3½ tazas de Salsa de tomate (página 207) o de salsa de tomate comprada

1 taza de Caldo de pollo (página 211) o de caldo de pollo comprado

¼ de taza de jerez seco

1 libra de linguine de trigo integral

1 cucharada de sal kosher, más ½ cucharadita

2 cucharaditas de pimienta roja en hojuelas, triturada

2 cucharaditas de azúcar

2 cucharadas de mantequilla sin sal

½ taza de tomates cherry, partidos en cuatro

¼ de taza de queso parmesano-reggiano rallado, y más para servir

¼ de taza de hojas frescas de perejil liso, finamente picadas

Elaborada con la insuperable combinación de calamares, cangrejo y salmón, esta satisfactoria pasta boloñesa sin carne nunca te dejará sintiéndote pesado y saturado, haciendo que sea lo suficientemente versátil para servirla en cualquier época del año. Lo que es realmente excelente acerca de la boloñesa es que puedes tener a mano los calamares y el salmón en el congelador y una lata grande de cangrejo en la despensa, haciendo que este plato sea maravilloso para disfrutar en compañía de visitas espontáneas (que, coincidentemente, fue como yo creé la receta).

1. Caliente el aceite de oliva en una olla grande a fuego alto. Añada los calamares, cocine por 1 minuto (sin agitar) y luego incorpore el ajo y los chalotes. Cuando el ajo esté fragante, luego de alrededor de 1 minuto, agregue la carne de cangrejo y el salmón, y cocine de 1 a 2 minutos hasta que el salmón esté dorado. Dore el salmón por el otro lado, de 1 a 2 minutos más (es normal que se desprendan algunos pedacitos de salmón al darle vuelta; simplemente se convierten en parte de la salsa).

2. Vierta el vino blanco, lleve a fuego lento y cocine por alrededor de 2 minutos hasta que se reduzca ligeramente. Vierta la salsa de tomate y hierva a fuego lento, revolviendo suavemente los mariscos con una cuchara de madera (no es recomendable que el salmón se rompa demasiado) y cocine por 1 minuto. Añada el caldo de pollo y el jerez, hierva a fuego lento y cocine durante 4 minutos. Reduzca el fuego a medio-bajo y cocine a fuego lento por alrededor de 20 minutos hasta que la salsa esté un poco espesa.

continuado

- 2 cucharadas de alcaparras encurtidas, enjuagadas
- 1/4 de cucharadita de pimienta negra recién molida
- 2 cucharadas de albahaca fresca, finamente picada

3. Mientras tanto, hierva agua en una olla grande. Añada las linguine y 1 cucharada de sal, y cocine según las instrucciones del paquete hasta que la pasta esté al dente. Escurra y deje a un lado.

4. Agregue las hojuelas de pimienta roja y el azúcar a la salsa de mariscos, y luego añada la mantequilla, los tomates cherry, el queso parmesano-reggiano, el perejil, las alcaparras, la 1/2 cucharadita de sal restante y la pimienta negra. Cocine por alrededor de 5 minutos más para integrar los sabores y luego vierta la pasta escurrida, revolviéndola suavemente con la salsa. Divida la pasta en seis tazones, rocíe con el queso parmesano-reggiano y la albahaca, y sirva de inmediato.

¿Sabía que...?

Puede descongelar rápidamente el pescado congelado colcándolo en un colador y bajo un chorro de agua fría (por alrededor de 10 minutos si se trata de un filete delgado). Para filetes gruesos, llene un recipiente grande con agua fría y sumerja el filete durante alrededor de 20 minutos para que se descongele (deseche el agua templada y reponga con más agua fría si es necesario).

ALBÓNDIGAS DE POLLO *con* SALSA PICCATA DE LIMÓN AMARILLO

Para 4 personas

- 1 libra de carne molida de pollo
- ½ taza de migas de pan seco, preferiblemente de pan *brioche* o *challah*
- ¼ de taza de yogur natural griego bajo en grasa
- ¼ de taza de cilantro fresco, finamente picado
- ¼ de taza de hojas de perejil liso, finamente picadas
- 2 cucharadas de tomillo fresco, finamente picado
- 3 dientes de ajo, picados en pedazos muy pequeños
- 1 chalote, picado en pedazos muy pequeños
- ½ cucharadita de jengibre molido
- 1½ cucharaditas de sal kosher
- 1 cucharadita de pimienta negra recién molida
- 2 cucharadas de aceite de oliva extra virgen

PARA LA SALSA

- 1 cucharada de aceite de oliva extra virgen
- ⅓ de taza de alcaparras encurtidas y enjuagadas, más 1½ cucharadas
- 6 dientes de ajo, picados en pedazos muy pequeños
- 1 chalote, finamente picado

Hay muchas formas de preparar albóndigas. Las de esta receta llevan carne picada de pollo con mucho cilantro, tomillo y perejil fresco para darle un radiante sabor a hierbas; la mezcla de yogur le da una textura ligera. Las albóndigas se finalizan con una salsa de alcaparras picante y cítrica; mantengo el sabor intenso utilizando el arrurruz de acción rápida para espesar la salsa sin perder su sabor fuerte (el almidón de maíz tiene que cocinarse a fuego lento hasta que espese, marchitando un poco la frescura de los cítricos y las hierbas). Mientras que en esta receta me alejo definitivamente de la tradición latina, utilizo, sin embargo, una base de sofrito para la salsa, que es realmente la clave para desarrollar un gran sabor con rapidez. Sofisticadas y elegantes, las albóndigas son especialmente adecuadas para fiestas (sírvalas individualmente en pinchos de bambú).

1. Coloque el pollo molido en un colador y luego en un tazón grande o en el fregadero. Deje escurrir el pollo mientras monta los ingredientes para las albóndigas y la salsa.

2. Para hacer las albóndigas, coloque las migas de pan, el yogur, el cilantro, el perejil, el tomillo, el ajo, el chalote, el jengibre, la sal y la pimienta en un tazón grande y revuelva para combinar. Añada la carne molida de pollo y mezcle bien. Vierta la mezcla de pollo en un pedazo grande de envoltura plástica; para sellar, doble el plástico sobre el pollo y refrigere durante 30 minutos.

3. Retire la mezcla de pollo del refrigerador, divida y forme 12 bolas. Caliente el aceite de oliva a fuego medio-alto en una sartén grande. Añada las albóndigas y cocine por todos los lados por alrededor de 7 minutos hasta que estén doradas (evite que se cocinen por completo). Pase las albóndigas a un

continuado

- 3 cucharadas de Sofrito básico (página 202)
- 1 cucharadita de sal kosher
- 1/2 cucharadita de pimienta negra recién molida
- 2 tazas de Caldo de pollo (página 211) o de caldo de pollo comprado

  El jugo de 2 limones amarillos
- 1 cucharada de arrurruz molido
- 2 cucharadas de mantequilla sin sal

plato o a una bandeja con bordes para hornear, cúbralas con papel toalla y déjelas a un lado.

4. Para hacer la salsa, caliente el aceite de oliva a fuego medio-alto en una olla grande. Añada las alcaparras, el ajo, el chalote, el sofrito, la sal y la pimienta y cocine por alrededor de 3 minutos revolviendo con frecuencia, hasta que los chalotes empiecen a dorarse. Vierta el caldo de pollo y el jugo de limón amarillo y hierva. Reduzca el fuego a medio y cocine a fuego lento por alrededor de 3 minutos hasta que la mezcla se reduzca ligeramente.

5. Coloque el arrurruz en un tazón pequeño, agregue 2 cucharadas de agua y revuelva hasta que el arrurruz se disuelva. Deje a un lado.

6. Coloque las albóndigas en la salsa, reduzca el fuego a medio-bajo, tape y cocine por alrededor de 20 minutos más hasta que las albóndigas estén completamente cocinadas y firmes al tacto. Añada la mantequilla y, cuando se derrita, agregue la mezcla de arrurruz y cocine por alrededor de 3 minutos hasta que la salsa se haya espesado y esté brillante. Divida las albóndigas y su salsa en cuatro tazones y sirva.

¿Sabía que...?

Las migas de pan recién hechas son deliciosas, fáciles y económicas. Deje secar unas rebanadas de pan toda la noche (coloque el pan sobre una rejilla para que ambas partes se sequen uniformemente) y luego pulse en un procesador de alimentos hasta que las migas tengan una textura deseable. O ponga rebanadas de pan en el horno a 300°F (de nuevo, colóquelas sobre una rejilla para que el pan se seque de manera uniforme) por alrededor de 30 minutos hasta que estén secas y crujientes. Retire del horno y deje enfriar, luego pulse en un procesador de alimentos hasta triturar bien.

RIGATONI CREMOSOS *con* POLLO Y PORTOBELLOS

Para 6 personas

2 cucharadas de aceite de oliva extra virgen

1 chalote, picado en pedazos muy pequeños

2 dientes de ajo, picados en pedazos muy pequeños

1½ libras de pechuga de pollo sin hueso ni piel, cortada en cubitos de 1 pulgada

2 hongos portobello, sin tallos y cortados en cubos de 1 pulgada

2 tomates, pelados, sin semillas y cortados en cubitos

1 taza de puré de tomate (preferiblemente italiano y embotellado), pasado por un colador de malla fina

2 tazas de crema espesa

½ taza de vino blanco seco (pinot grigio o similares)

¼ de taza de Caldo de pollo (página 211) o de caldo de pollo comprado

1 cucharadita de sal kosher

½ cucharadita de pimienta negra recién molida

2 tazas de queso rallado parmesano-reggiano, y un poco más para servir

1 libra de rigatoni

1 cucharada de hojas frescas de perejil liso, finamente picadas

Este plato de pasta es de lejos el favorito de mi familia y lo ha sido desde hace más de una década. Lo ofrecí en el menú de mi primer restaurante en Miami, Food Café, donde mi sobrino Carlos entraba a la cocina, pedía una porción doble, le añadía un churrasco y se lo comía. Carlos todavía va a la cocina de mi casa y me dice: «¡Dame pasta, tía!». Él es como un hijo para mí... ¿quién soy yo para negarme?

1. Caliente el aceite de oliva en una olla grande a fuego medio-alto. Añada los chalotes y cocine por alrededor de 1 minuto revolviendo con frecuencia, hasta que empiecen a oscurecerse. Agregue el ajo y el pollo y cocine por alrededor de 6 minutos hasta que el pollo se dore. Use unas pinzas para dar vuelta a las presas de pollo y cocine el otro lado por alrededor de 5 minutos hasta que se dore. Agregue los hongos y cocine por 1 minuto, luego añada los tomates, el puré de tomate, la crema, el vino blanco, el caldo de pollo, la sal y la pimienta. Hierva, reduzca el fuego a medio-bajo y cocine por alrededor de 10 minutos hasta que la salsa esté espesa y reducida a la mitad.

2. Agregue el queso parmesano-reggiano y cocine por alrededor de 10 minutos revolviendo con frecuencia, hasta que la salsa esté espesa.

3. Mientras la salsa se cocina, hierva agua con sal en una olla grande. Añada los rigatoni y cocine siguiendo las instrucciones del paquete hasta que la pasta esté al dente. Escurra y vierta de nuevo en la olla. Añada 1 taza de la salsa para la pasta y revuelva para recubrir. Divida la pasta en seis tazones, vierta el resto de la salsa uniformemente sobre cada plato de pasta, espolvoree con un poco de parmesano-reggiano y el perejil y sirva.

PASTA *con* PICADILLO

- 2 cucharadas de aceite de oliva extra virgen
- 2 libras de carne molida de res, sin grasa
- 1 libra de carne molida de ternera
- 1 libra de carne molida de cerdo
- 12 dientes de ajo, picados en pedazos muy pequeños
- 3 tallos de apio, finamente picados
- 2 zanahorias, finamente picadas
- 2 cebollas amarillas medianas, finamente picadas
- 2 chalotes, finamente picados
- 12 hojas grandes de albahaca, apiladas, bien enrolladas y cortadas en rodajas finas en sentido transversal, y un poco más para servir
- 1 lata de 12 onzas de tomates enteros con su jugo, aplastados con la mano
- 3 tazas de Salsa de tomate (página 207) o de salsa de tomate comprada
- 3 tazas de Caldo de carne (página 210) o de caldo de carne comprado
- 1 taza de vino tinto seco (cabernet sauvignon, merlot o similares)
- 1 cucharada de azúcar
- 1 cucharadita de tomillo seco
- $1/2$ cucharadita de comino en polvo
- $1/2$ cucharadita de pimentón dulce
- 1 cucharadita de sal kosher
- $1/2$ cucharadita de pimienta negra recién molida
- 1 libra de linguine, rigatoni o espaguetis
- 2 cucharadas de mantequilla sin sal

  Queso parmesano-reggiano rallado para servir

Esta pasta con salsa de picadillo de carne es mi versión latina de la boloñesa italiana tradicional. En Venezuela y en gran parte de Suramérica, el picadillo es un plato muy conocido y versátil de carne molida de res, tomates, pimentones, chiles y cebollas. Lo comemos con arroz, con un huevo frito, como acompañamiento y lo utilizamos incluso como un relleno para empanadas, que es lo que hacía mi mamá. Ella preparaba las mejores empanadas del mundo utilizando sobras de picadillo de la noche anterior. Yo sigo su ejemplo y hago empanaditas de picadillo, o convierto las sobras en un *sheperd's pie* latino al esparcir las sobras de picadillo en una bandeja para hornear y lo termino con un puré de plátanos maduros.

1. Caliente el aceite de oliva a fuego alto en una olla de fondo grueso. Añada la carne molida de res, la ternera molida y la carne molida de cerdo y cocine por alrededor de 20 minutos revolviendo con frecuencia para desmenuzar la carne, hasta que esté dorada y el líquido comience a evaporarse.

2. Añada el ajo, el apio, las zanahorias, las cebollas, los chalotes y la albahaca, y cocine por alrededor de 10 minutos hasta que las cebollas y el apio estén suaves. Añada el tomate triturado, la salsa de tomate, $23/4$ tazas del caldo de carne, el vino tinto, el azúcar, el tomillo, el comino, el pimentón, la sal y la pimienta. Hierva, cocine durante 1 minuto y luego reduzca el fuego a medio-bajo. Coloque la tapa ligeramente ladeada sobre la olla y siga cocinando a fuego lento por alrededor de 3 horas hasta que la salsa esté semiespesa y de color ligeramente café.

3. Hierva agua salada en una olla grande. Cocine la pasta según las instrucciones del paquete hasta que esté al dente. Escurra y vierta de nuevo en la olla. Añada el cuarto de taza de caldo de carne restante y la mantequilla. Cuando la mantequilla se derrita, pase la pasta a un plato grande de servir. Sirva la salsa por encima y termine con un poco de queso parmesano-reggiano y albahaca.

POLLO con PASIÓN

1   cucharada de ralladura de naranja, más ¹/₂ taza de jugo de naranja fresco (de alrededor de 2 naranjas)

¹/₄ de taza de jugo de maracuyá

¹/₄ de taza de salsa de soya

2   cucharadas de miel de agave

2   cucharadas de vinagre de champaña

1   cucharada de kétchup

1   cucharada de pasta de tomate

1   cucharada de ralladura de limón amarillo (de alrededor de 3 limones amarillos)

1   cucharadita de ajo en polvo

1   cucharadita de cebolla en polvo

¹/₂ cucharadita de salsa inglesa

3   papas para hornear, peladas y cortadas en cuartos

1   cebolla amarilla, partida en cuatro y luego en rodajas en sentido transversal

1   zanahoria, finamente picada

1   tallo de apio, finamente picado

1   pollo de 3¹/₂ a 4 libras, cortado en 8 presas

1   cucharadita de sal kosher

1   cucharadita de pimienta negra recién molida

Para las grandes comidas familiares y para casi todas las fiestas de cumpleaños que celebrábamos en mi casa en Venezuela, mi niñera Leo hacía su famoso pollo agridulce asado al maracuyá con vegetales. Ella utilizaba jugo de naranja, jugo de maracuyá y salsa de soya como base de la salsa que vertía sobre las cebollas, las zanahorias y el apio antes de hornear el pollo. Luego lo horneaba todo, creando una cena de pollo que tenía un sabor profundo y maravilloso que anhelo hasta el día de hoy...

1. Precaliente el horno a 400°F.

2. Bata el jugo de naranja, la ralladura de naranja, el jugo de maracuyá, la salsa de soya, la miel de agave, el vinagre, el kétchup, la pasta de tomate, la ralladura de limón amarillo, el ajo en polvo, la cebolla en polvo y la salsa inglesa en un tazón mediano y reserve.

3. Coloque las papas, las cebollas, las zanahorias y el apio en la parte inferior de una bandeja para hornear, revolviendo con las manos para combinar. Coloque las piezas de pollo sobre los vegetales y luego sazone todo con la sal y la pimienta. Vierta la salsa de jugo de naranja y de maracuyá sobre el pollo y los vegetales y revuelva hasta recubrir. Acomode el pollo para que quede con la piel hacia arriba y los vegetales debajo.

4. Cubra el molde para hornear con papel aluminio y ase el pollo durante 30 minutos. Retire y deseche el papel aluminio. Siga horneando el pollo por alrededor de 1 hora más hasta que la piel esté crujiente y tenga un color café oscuro. Retire la bandeja del horno, divida el pollo y los vegetales en cuatro platos y sirva.

POLLO FRITO *y* CRUJIENTE AL HORNO
con COLES

Para 4 personas

PARA EL POLLO

- 4 pechugas de pollo sin piel ni hueso, partidas a la mitad, u 8 muslos sin piel
- 1 cucharadita de sal kosher
- ½ cucharadita de pimienta negra recién molida
- 4 tazas de hojuelas de maíz, ligeramente machacadas
- 1½ cucharadas de ajo en polvo
- 1½ cucharadas de cebolla en polvo
- 1 cucharadita de jengibre molido
- 1 cucharadita de pimienta roja en hojuelas (opcional)
- 1 cucharadita de condimento de aves de corral
- 2 tazas de suero de leche (*buttermilk*) o de leche sin grasa
- 1 cucharada de aceite vegetal
  Algunas pizcas de pimentón dulce

PARA LAS COLES

- 2 cucharadas de aceite de oliva extra virgen
- 6 dientes de ajo, picados en pedazos muy pequeños
- 2 libras de coles, sin los tallos gruesos, con las hojas apretadas, enrolladas y cortadas en rodajas finas en sentido transversal
- 1 cucharada de hojas frescas de perejil liso, finamente picadas

Las coles se utilizan mucho en Suramérica y son un verdadero elemento básico de nuestra cocina. Las comemos ligeramente selladas con mucho ajo y hierbas, haciéndolas muy diferentes del estilo sureño estadounidense, que es de larga cocción. Son un complemento natural para el pollo horneado. Las hojuelas de maíz hacen que la corteza quede más crujiente. Puede hacer que el pollo sea atractivo para los niños preparándoles bocados de pollo sin hueso. ¡Lleve esto un paso más allá y haga que los niños participen, invitándolos a que agiten el pollo en la bolsa!

1. Enjuague el pollo con agua fría y seque. Coloque en una bandeja para hornear con bordes o en un plato grande, condimente con la sal y la pimienta negra y déjelo a un lado.

2. Coloque las hojuelas de maíz machacadas en una bolsa plástica y resellable con capacidad de un galón. Añada el ajo en polvo, la cebolla en polvo, el jengibre, la pimienta roja en hojuelas en caso de que desee usarlas y ½ cucharadita de condimento de aves. Selle la bolsa y agite para mezclar. Vierta el suero de leche en un tazón grande, agregue la ½ cucharadita restante de condimento de aves y añada los trozos de pollo, mezclando con el líquido hasta cubrir. Agregue las presas de pollo a la mezcla de hojuelas de maíz de una en una, selle la bolsa y agite para cubrir el pollo de manera uniforme. Retire el pollo de la bolsa y regréselo a la bandeja para hornear. Repita con el resto de las presas de pollo. Refrigere el pollo en la bandeja durante 1 hora.

3. Precaliente el horno a 350°F.

4. Retire del refrigerador la bandeja para hornear. Coloque el pollo en un plato grande y engrase la bandeja con el aceite vegetal. Regrese el pollo a la bandeja, espolvoree con el pimentón, cubra la bandeja con papel de aluminio y hornee el pollo durante 40 minutos.

- 1 **cucharada de cilantro fresco, finamente picado**
- 1 **cucharadita de sal kosher**
- 1 **cucharadita de pimienta negra recién molida**

5. Retire la bandeja del horno y deseche el papel aluminio. Regrese el pollo al horno y hornee de 30 a 40 minutos más hasta que la corteza esté crujiente y la carne de pollo se desprenda fácilmente del hueso.

6. Prepare las coles mientras el pollo se cocina. Caliente el aceite de oliva a fuego alto en una sartén grande. Agregue el ajo y cocine por alrededor de 1 minuto hasta que esté fragante, revolviendo con frecuencia. Agregue las coles a la sartén y mezcle con unas pinzas para cubrir uniformemente con el aceite y el ajo. Cocine por alrededor de 5 minutos revolviendo ocasionalmente, hasta que estén un poco marchitas. Apague el fuego y añada el perejil, el cilantro, la sal y la pimienta negra, revolviendo con unas pinzas.

7. Retire el pollo del horno y déjelo enfriar 5 minutos antes de servir con las coles a un lado.

adelgazando Después de mudarme a Estados Unidos, empecé a subir de peso lentamente. Adaptarme a mi nuevo país también implicó adaptarme a la comida y, al igual que muchas personas, me aficioné bastante a la comida rápida y a las porciones grandes. Estar en la escuela de gastronomía tampoco me ayudó exactamente a perder los kilos de más porque estaba pagando bastante dinero para aprender, comer y disfrutar durante todo el día.

Después de terminar mi programa culinario, se hizo evidente que para ser una persona más saludable tenía que perder esos kilos de más. Cocinar consiste en tener control, y como chef, me pareció fácil perder peso una vez que comencé a prestar atención a lo que estaba sucediendo con mi cuerpo. No hay calorías ocultas o grasas trans cuando estás cocinando tu propia comida. Monitoreé mi consumo de grasas y carbohidratos y comencé a tomar mi porción de comida más abundante en el desayuno o en el almuerzo, y no comía después de las seis de la tarde. Sin embargo, seguí dándome gusto; ante todo, me encanta la comida y me daba gusto una o dos veces por semana en lugar de una o dos veces al día.

En el camino, aprendí a modificar los platos para crearme un futuro más saludable, como con el pollo «frito» (vea la página 160), que es asado en el horno para darle un sabor más ligero y un perfil nutricional más magro, y la Boloñesa de mariscos (página 149) que está repleta de salmón y de calamares deliciosos y saludables, pero que no tiene nada de carne roja. Para mí, cocinar saludablemente consiste en cocinar con ingredientes reales que sean satisfactorios y deliciosos.

CARNE MECHADA

Para 6 personas

2 libras de falda de res, sin la grasa adicional

1 cebolla amarilla mediana, partida a la mitad, y otra pequeña, finamente picada

6 dientes de ajo

1 pimentón rojo, partido a la mitad y sin semillas (deje una mitad entera; pique finamente la otra)

½ taza entera de ramitas de cilantro

1 cucharada de sal kosher, más 1 cucharadita

2 cucharadas de aceite de oliva extra virgen

½ pimentón verde y pequeño, sin semillas y finamente picado

1 chalote, picado en pedazos muy pequeños

6 dientes de ajo, picados en pedazos muy pequeños

1 cucharada de ají dulce fresco, o de pimentones cherry encurtidos y envasados, finamente picados

2 cucharadas de pasta de tomate

1 cucharada de salsa inglesa

2 hojas de laurel

2 cucharaditas de pimienta negra recién molida

Arroz blanco básico (página 204) o Arepas venezolanas (página 30), para servir

Elaborada a fuego lento con falda desmenuzada y luego sellada en la olla, esta especialidad venezolana es rica en ajo, pimentones y hierbas, y tiene una textura increíblemente tierna y sustanciosa, lo que hace que sea fantástica con arroz, plátanos maduros fritos y con frijoles negros, que es esencialmente la base del pabellón criollo, el plato nacional de Venezuela. La carne mechada es muy similar a la ropa vieja cubana, pero un poco menos picante, por lo que es un excelente relleno para unas arepitas (vea la página 32) o para unas tortillas suaves de maíz. También es perfecta como acompañante de arepas y de huevos fritos.

1. Hierva 12 tazas de agua en una olla grande o sopera. Añada la carne, la cebolla partida a la mitad, el ajo, la mitad del pimentón rojo, las ramitas de cilantro y 1 cucharada de sal, y vuelva a hervir. Reduzca el fuego a medio-bajo y cocine a fuego lento por 1 hora.

2. Cuele el caldo hacia un recipiente limpio. Deje 2 tazas a un lado para usar más tarde y congele el resto en una bolsa plástica resellable para usar posteriormente (el caldo se puede guardar en el congelador hasta por 3 meses). Deje enfriar la carne y deseche los vegetales y el cilantro. Cuando la carne esté fría, desmeche en tiras largas y delgadas con los dedos. Deje a un lado.

3. Caliente el aceite de oliva a fuego alto en una sartén grande y profunda o en una olla de hierro fundido. Añada la carne desmechada a la olla y cocine por alrededor de 5 minutos, revolviendo de vez en cuando, hasta que se oscurezca y esté un poco crujiente en los bordes. Agregue las cebollas picadas, los

continuado

pimentones rojos y verdes picados, los chalotes, el ajo, el ají
dulce y la cucharadita de sal restante, y cocine por alrededor de
5 minutos revolviendo ocasionalmente, hasta que las cebollas
y los pimentones comiencen a ablandarse. Agregue la pasta de
tomate y la salsa inglesa y añada el caldo reservado.

4. Aumente el fuego a alto y hierva la mezcla durante 5 minutos. Reduzca el fuego a medio y añada las hojas de laurel y la
pimienta negra. Cocine a fuego lento de 6 a 8 minutos hasta
que el líquido se reduzca a la mitad. Retire y deseche las hojas
de laurel y sirva con arroz blanco o con arepas.

VARIACIÓN: *Arepitas rellenas con carne mechada*

Abra las arepas como un pan pita mientras están
calientes, haga una hendidura en la parte superior
y deslice un cuchillo en el centro para crear una espe-
cie de bolsillo. Llene cada arepa con alrededor de
1/2 taza de carne mechada (todavía caliente, para obtener un mejor sabor) y sirva de inmediato.

ARROZ INTEGRAL *con* ARÁNDANOS *y* CILANTRO

Para 4 personas

- 1 taza de arroz integral de grano largo
- 1 cucharada de sal kosher
- 2 cucharadas de aceite vegetal
- 1/2 chalote, picado en pedazos muy pequeños
- 3 dientes de ajo, picados en pedazos muy pequeños
- 3/4 de taza de hojas de cilantro fresco, finamente picadas, y una ramita para servir
- 1/2 taza de arándanos secos

Hago este impresionante plato de arroz integral para darle un equilibrio saludable a unas vacaciones repletas de calorías. El cilantro y los arándanos secos realzan el arroz tostado y ligeramente fibroso con sus vivos colores verdes y rojos y su maravilloso sabor dulce y a hierbas. Es excelente para acompañar pavo, costillas, pollo asado o pescado.

1. Hierva a fuego alto 2 tazas de agua, el arroz y la sal en una olla mediana. Deje hervir el arroz por alrededor de 4 minutos hasta que absorba una parte del agua y comiencen a formarse burbujas cerca de la superficie. Tape la olla, reduzca el fuego a bajo y cocine de 25 a 30 minutos hasta que toda el agua se haya absorbido y el arroz esté ligeramente al dente. Apague el fuego, retire la tapa, use un tenedor para esponjar el arroz y deje enfriar a un lado durante 10 minutos.

2. Caliente el aceite vegetal en una sartén mediana a fuego medio-alto. Añada los chalotes y el ajo y cocine por alrededor de 20 segundos revolviendo hasta que el ajo esté fragante. Agréguelos al arroz junto con el cilantro y los arándanos y vierta el arroz en un tazón. Finalice con una ramita de cilantro y sirva.

¿Sabía que...?

Si tiene sobras de arroz blanco o integral en el refrigerador sólo tiene que añadirlas a los chalotes y al ajo, y luego añadir el cilantro y los arándanos secos. Tal vez quiera agregar unas cucharadas de agua a la olla y cubrirla para inflar el arroz antes de servir.

ENSALADA DE HIERBAS FRESCAS

2 cucharadas de aceite de oliva extra virgen

1 cucharadita de jugo de limón amarillo fresco

1 cucharadita de sal kosher

1 cucharadita de pimienta negra recién molida

$\frac{1}{4}$ de taza de hojas de apio fresco

$\frac{1}{4}$ de taza de hojas de cilantro fresco

$\frac{1}{4}$ de taza de hojas pequeñas de menta fresca

$\frac{1}{4}$ de taza de hojas de perejil liso fresco

Este plato lleno de hierbas es un acompañamiento excelente para platos de carne como la Carne mechada (página 162) o el Pollo frito y crujiente al horno con coles (página 160). Salpicado con un buen aceite de oliva afrutado, y fortalecido con un poco de jugo de limón amarillo, da de inmediato un aire liviano a cualquier comida, así sea una carne estofada. Las hojas de apio son al mismo tiempo inesperadas y familiares, y añaden un sabor suave y maravilloso al cilantro, a la menta y al perejil: simplemente retire las hojas tiernas de la parte superior de los tallos de apio. Para servir esta ensalada como un acompañamiento más tradicional, duplique la cantidad de aderezo y agregue dos tazas de sus vegetales favoritos a las hierbas.

1. Bata el aceite de oliva, el jugo de limón amarillo, la sal y la pimienta en un tazón pequeño.

2. Mezcle las hojas de apio, de cilantro, de menta y de perejil en un tazón mediano. Rocíe con el aceite sazonado y sirva.

COMPLACIENDO LA
MAYOR AFICIÓN POR
LOS DULCES: ¡LA MÍA!

Soy una apasionada absoluta de los postres. El chocolate, el caramelo, el dulce de leche, las frutas o lo que sea, me encantan. Todos los postres en este capítulo tienen que ver con los contrastes, como por ejemplo, entre la acidez del queso de cabra y una papaya a la parrilla, o la jugosa cremosidad del mascarpone potenciado por el ron y los biscotti crujientes. También juego con las temperaturas, literalmente (rociando una salsa brillante de chocolate caliente sobre bayas frescas) y en sentido figurado (añadiendo jalapeño y pimienta de cayena al *mousse* de chocolate).

Algunos dulces son muy latinos. No me puedo imaginar un libro de cocina latina, nuevo o de otro tipo, sin una torta *tres leches* (¡la mía no tiene tres leches, sino cuatro!) o un flan. La diferencia con mi versión es que, al igual que mis recetas saladas, siempre estoy buscando añadir una pizca, un poquito o un chorrito de algo especial.

Recetas sencillas, como las peras escalfadas en vino tinto, son apropiadas para cuando necesita hacer un postre de antemano; son tan fáciles que prácticamente se escalfan solas. La fruta fresca se vuelve decadente cuando se combina con una rica salsa de chocolate blanco o se carameliza con suficiente azúcar para realzar su sabor dulce.

El Pudín de pan con chocolate blanco y frambuesas, el Mango quatro leches y el Flan de Maruja se pueden preparar con antelación y son excelentes para comidas informales. Desde dulces indulgentes, como el pegajoso pudín de arroz con dulce de leche, a otros magros, como las tazas super cremosas de duraznos, este capítulo consiste en satisfacer la afición que todos tenemos por los dulces.

PERAS AL VINO TINTO

Para 4 personas

- 3 tazas de vino tinto (pinot noir o similares)
- 1 taza de azúcar
- 3 granos enteros de pimienta negra
- 3 clavos enteros
- 3 tiras de cáscara de limón amarillo de ½ pulgada de ancho
- 1 barra de canela
- 4 peras Bartlett o Bosc maduras, peladas, partidas a la mitad y sin corazón
- 1 pinta de helado de vainilla (opcional)
- ½ cucharadita de nuez moscada recién rallada

Una pera escalfada en vino tinto adquiere una textura aterciopelada y un color rojo rubí. Las especias como la pimienta negra, el clavo de olor y la canela le añaden un sabor especiado al caldo escalfado, mientras la cáscara de limón amarillo le da una nota cítrica y fresca. Las peras quedan tan tiernas y llenas de sabor que ni siquiera necesita agregarles helado si está pensando en un postre más ligero, pero el combo de la pera caliente y escalfada, un helado de vainilla de buena calidad y el jarabe dulce y escalfado es difícil de superar. Las peras escalfadas se pueden refrigerar en el líquido por un máximo de dos días.

1. Hierva a fuego alto el vino tinto, el azúcar, los granos de pimienta, el clavo, las tiras de limón, la barra de canela y ½ taza de agua en una olla grande por alrededor de 5 minutos, revolviendo de vez en cuando para disolver el azúcar. Reduzca el fuego a medio-bajo y cocine a fuego lento por alrededor de 2 minutos hasta que la mezcla se reduzca ligeramente.

2. Añada las peras y cocine a fuego lento por alrededor de 15 minutos hasta que estén tiernas y un cuchillo de partir se deslice fácilmente en el centro. Usando una espumadera, pase las peras a un tazón grande y deje a un lado.

3. Retire y deseche la pimienta, el clavo, la cáscara de limón y la barra de canela. Siga cocinando el líquido escalfado a fuego lento por alrededor de 30 minutos hasta que se reduzca a la mitad y tenga la consistencia de un jarabe espeso.

4. Regrese las peras al líquido espeso y caliente por 1 minuto, rociándolas con el almíbar. Apague el fuego y coloque 2 mitades de pera en el centro de cada plato o tazón. Rocíe las peras con 2 cucharadas del jarabe, cubra con una bola de helado de vainilla, en caso de que desee usarlo, y una pizca de nuez moscada.

HIGOS CARAMELIZADOS con VAINILLA y QUESO DE CABRA con PAPAYAS A LA PARRILLA

Para 4 personas

1 vaina de vainilla, partida a la mitad y a lo largo

El jugo de 1 naranja grande

½ taza de jugo de mango

¼ de taza de miel de agave

1½ cucharaditas de jugo de limón amarillo fresco

2 papayas pequeñas, partidas a la mitad y a lo largo, sin semillas

2 tazas de higos negros misión frescos, sin las puntas y partidos a la mitad

2 cucharadas de queso de cabra fresco, desmenuzado

¼ de taza de menta fresca, finamente picada

Asar frutas maduras a la parrilla les da una nueva dimensión de sabor, como en el caso de las papayas. Los higos son escalfados en jugo de mango con vainilla y cubiertos con un poco de queso de cabra y menta picada. La fuerza salada del queso equilibra totalmente la dulzura de la fruta, haciendo un postre que agrada a todo nivel.

1. Use el respaldo de un cuchillo para raspar las semillas de vainilla de la vaina y agregue las semillas y la vaina a una cacerola mediana. Vierta el jugo de naranja, el jugo de mango, la miel de agave y el jugo de limón amarillo y añada media taza de agua. Hierva a fuego alto por alrededor de 10 minutos hasta que tenga la consistencia de la miel de maple. Coloque las mitades de papaya en un plato grande con la parte cortada hacia arriba y agregue ¼ de taza de jarabe sobre ellas. Deje a un lado.

2. Agregue los higos a la salsa que queda en la olla y cocine a fuego lento de 10 a 12 minutos revolviendo ocasionalmente, hasta que los higos estén tiernos pero mantengan su forma y el líquido esté espeso y reducido a la mitad. Apague el fuego y usando una espumadera, pase los higos a un tazón mediano. Deje la salsa a un lado.

3. Prepare una parrilla de carbón o de gas a fuego medio-alto.

4. Coloque las papayas en la parrilla con la parte cortada hacia abajo, cubra y cocine de 5 a 6 minutos hasta que tengan marcas de parrilla.

5. Pase cada media papaya a un plato utilizando unas pinzas. Divida los higos entre las papayas y luego rocíe con la salsa restante. Espolvoree con el queso de cabra y la menta y sirva.

TAZAS DE BISCOTTI y CAPPUCCINO

Para 4 personas

1 taza de leche condensada

3 cucharadas de ron oscuro

2½ cucharadas de café espresso instantáneo en polvo

8 onzas de queso mascarpone

2 cucharaditas de extracto puro de vainilla

1½ tazas de crema de leche

2 cucharadas de azúcar

½ libra de biscotti de vainilla (alrededor de 4 galletas grandes)

¼ de taza de cacao sin azúcar en polvo o 2 cucharadas de café espresso instantáneo en polvo, para servir (opcional)

Virutas de chocolate amargo, para servir (opcional)

Este postre es una variación latina del tiramisú, el clásico postre italiano. Aquí, el ron se utiliza en lugar del licor de café para darle sabor a la base de la crema, y la leche condensada sustituye los huevos o la gelatina para espesar el queso mascarpone. Los biscotti son el sustituto de los bizcochos (*ladyfingers*) y dan una gran consistencia crocante a este postre originalmente cremoso. Las tazas de cappuccino se pueden refrigerar hasta por un día antes de ser servidas.

1. Caliente ½ taza de leche condensada y ¾ de taza de agua en una cacerola pequeña a fuego medio, revolviendo ocasionalmente, hasta que dé un hervor. Apague el fuego y añada el ron y el espresso en polvo, revolviendo hasta que el polvo se disuelva. Deje a un lado.

2. Mezcle el queso mascarpone, la ½ taza restante de leche condensada y la vainilla con una batidora eléctrica hasta que estén suaves. En otro tazón, bata la crema con el azúcar hasta que la mezcla tenga picos altos y firmes (deben mantenerse erguidos y sin caerse al sacar las cuchillas de la batidora).

3. Agregue la cuarta parte de la crema batida a la mezcla de mascarpone para aliviar el queso. Añada la crema batida restante y mezcle bien.

4. Coloque los biscotti en una bolsa plástica resellable con capacidad de un galón y, utilizando un rodillo o el fondo de una sartén de fondo grueso, aplaste las galletas hasta que las migas tengan una textura áspera y queden pequeños trozos del tamaño de un bocado (las migas finas no son recomendables). Divida la tercera parte de las migas de los biscotti en

cuatro tazas de cappuccino de 6 onzas y luego rocíe las migas con 1 a 2 cucharadas del jarabe de espresso (suficiente para dar sabor a las migas, pero sin dejarlas suaves y blandas). Divida la mitad de la mezcla del mascarpone entre las tazas, extendiéndola en una capa uniforme sobre las migas. Repita con la mitad de las migas de biscotti, con el jarabe de café espresso y la mezcla de mascarpone restantes. Divida las migas restantes de biscotti sobre cada porción. Cubra cada taza con envoltura plástica y refrigere por lo menos 2 horas o hasta 1 día antes de servir. Rocíe con el cacao en polvo, en caso de que desee usarlo. Termine con las virutas de chocolate, en caso de que desee usarlas, y sirva.

¿Sabía que...?

Puede usar un pelador de vegetales para sacar tiras a un trozo de chocolate y hacer láminas o virutas de chocolate de aspecto agradable.

SALSA DE BAYAS FRESCAS Y CHOCOLATE DORADO

Para 6 personas

1   taza de leche

2   vainas de vainilla, partidas a la mitad y a lo largo

½   taza de leche condensada

8   onzas de chocolate blanco, finamente picado

1   taza de zarzamoras frescas

1   taza de frambuesas frescas

1   taza de fresas frescas, sin las hojas

6   ramitas de menta fresca

Las bayas frescas cosechadas en temporada y en el punto óptimo de maduración son inmejorables, excepto cuando les rocías un poco de salsa tibia y acaramelada de chocolate blanco. La clave para una salsa perfectamente dorada es dejar que los azúcares del chocolate blanco y de la leche condensada se cocinen a fuego bajo y lento hasta que se alcance la tonalidad adecuada del caramelo pálido. Puede refrigerar hasta por una semana la salsa que sobre. Es fantástica como salsa para fresas frescas o vertida sobre tostadas francesas, *waffles* o sobre una bola de helado.

1. Vierta la leche en una cacerola mediana. Raspe las semillas de vainilla de la vaina con el respaldo de un cuchillo de partir y luego agregue las semillas y la vaina a la leche. Cocine la mezcla a fuego medio-bajo por alrededor de 10 minutos revolviendo ocasionalmente, hasta que la vainilla se vuelva fragante (si la leche empieza a hervir, reduzca la intensidad del fuego).

2. Añada la leche condensada y el chocolate blanco y cocine por alrededor de 25 minutos revolviendo ocasionalmente, hasta que el chocolate se derrita y la mezcla esté gruesa y tenga el color del caramelo. Apague el fuego y deje enfriar de 5 a 10 minutos.

3. Coloque las zarzamoras, las frambuesas y las fresas en un recipiente grande y mezcle suavemente. Divida las bayas en seis tazones, rocíe con la salsa de chocolate blanco y termine con una ramita de menta antes de servir.

MOUSSE *con* CHOCOLATE PICANTE

Para 6 personas

4 yemas de huevos grandes

1 jalapeño, rallado con los agujeros pequeños de un rallador, o con un Microplane

8 onzas de chocolate semidulce o semiamargo (alrededor de 67% de cacao), finamente picado

4 cucharadas (½ barra) de mantequilla sin sal

2 cucharaditas de canela en polvo

½ cucharadita de pimienta de cayena, y un poco más para servir (opcional)

3 cucharadas de ron oscuro

2 tazas de crema espesa

1 taza de azúcar

6 fresas grandes, sin las hojas

¿Mousse de chocolate con jalapeños? ¡Por supuesto! La intensidad de los chiles verdes da una fuerza inesperada al mousse de chocolate, mientras que un poco de pimienta de cayena le da un quemado lento al final. El picante es contrarrestado por el azúcar, el chocolate de buena calidad (me gusta usar un chocolate que tenga al menos 67% de sólidos de cacao) y la riqueza dulce y natural de la crema espesa. El mousse de chocolate picante es el final perfecto para una comida sustanciosa.

1. Vierta 2 pulgadas de agua en una olla mediana y hierva. Reduzca el fuego a medio-bajo. Bata las yemas de huevo en un recipiente grande y refractario y añada ¼ de taza de agua y el jalapeño. Coloque el recipiente con los huevos sobre la olla de agua caliente y revuelva constantemente por alrededor de 2 minutos hasta que el volumen se duplique y los huevos estén tan espesos como una crema batida. Retire el recipiente de la olla (mantenga el fuego encendido debajo de ella) y reserve.

2. Coloque el chocolate picado, la mantequilla, la canela y la pimienta de cayena en otro recipiente grande y refractario y colóquelo sobre el agua caliente. Deje reposar la mezcla encima del agua por unos minutos hasta que la mantequilla empiece a derretirse, y luego agite la mezcla ocasionalmente hasta que el chocolate esté completamente derretido y la mezcla esté integrada. Retire el recipiente de la olla y deje a un lado.

3. Coloque un colador de malla fina sobre el recipiente con la mezcla de chocolate. Con una espátula de caucho, pase la mezcla de huevo por el colador. Presione la mezcla de huevo

continuado

con la espátula. Añada el ron cuando haya colado los huevos. Continúe batiendo la mezcla por alrededor de 4 minutos para que se enfríe.

4. Bata la crema y el azúcar con una batidora eléctrica hasta que la mezcla tenga picos medianamente suaves. Vierta la cuarta parte de la crema batida en el recipiente con la mezcla de chocolate y revuelva con cuidado hasta integrar. Añada una tercera parte de la crema batida restante, incorporándola suavemente. Cubra la crema batida restante con envoltura plástica y refrigere hasta que vaya a servir.

5. Divida el mousse de chocolate en seis vasos o en moldes de 4 onzas. Aplane la parte superior con el respaldo de una cuchara y luego cubra cada porción con envoltura plástica. Refrigere el mousse por un mínimo de 2 horas o por un máximo de 8. Antes de servir, vierta una cucharada de la crema batida reservada en cada vaso de mousse y coloque una fresa encima junto con una pizca de cayena, en caso de que desee usarla.

TAZAS CREMOSAS DE DURAZNO *con* DURAZNOS *BRÛLÉE*

Para 6 personas

9 duraznos maduros

3/4 de taza de miel de agave

1 sobre de gelatina sin sabor (alrededor de 1 cucharada)

1 vaina de vainilla, partida a la mitad y a lo largo, las semillas raspadas y reservadas, o 1 cucharadita de extracto puro de vainilla

2 cucharadas de jugo de limón amarillo fresco

1 taza de queso crema bajo en grasa

Crema batida (página 213), para servir (opcional)

6 ramitas de menta fresca, para servir

Creé este postre para una aparición en el programa *The Biggest Loser* de NBC. Usted nunca se imaginaría que a pesar de su textura super cremosa, casi como de helado, sólo tiene 140 calorías por porción. Es el tipo de postre que parece indulgente y pecaminoso pero que en realidad ayuda a mantener la figura. Las tazas de durazno se pueden refrigerar hasta por un día antes de servir. Si los duraznos no están en temporada, use mangos, papayas o bayas frescas en su lugar.

1. Coloque 6 de los duraznos en una tabla de cortar. Utilice un pelador de vegetales dentado o un cuchillo afilado de pelar, parta a la mitad, retire la semilla de los duraznos y luego corte en pedazos de 1 pulgada. Coloque los duraznos picados, 1/2 taza de miel de agave y 1 taza de agua en una cacerola pequeña y hierva a fuego medio-bajo. Cocine por alrededor de 5 minutos revolviendo ocasionalmente, hasta que los duraznos estén suaves. Apague el fuego y déjelos a un lado.

2. Vierta 2 cucharadas de agua caliente en un tazón pequeño. Espolvoree la gelatina sobre el agua, revuelva y deje reposar 5 minutos para suavizar.

3. Pase los duraznos y el jugo de durazno a un vaso de licuadora (reservando 2 cucharadas de jugo para el momento de servir). Añada las semillas de vainilla o el extracto de vainilla y la mezcla de gelatina a la licuadora y licue por 1 minuto para combinar. Agregue el jugo de limón amarillo y el queso crema, y licue a velocidad alta de 6 a 8 minutos hasta que la mezcla esté suave y sedosa y la textura del puré sea esponjosa y espesa, como la de un mousse.

continuado

4. Divida el puré en seis moldes de 4 onzas y cubra cada uno al ras con envoltura plástica. Refrigere por un mínimo de 2$^1/_2$ horas o por un máximo de 24 hasta que la mezcla esté firme.

5. Antes de servir, prepare una parrilla de carbón o de gas a fuego medio-bajo.

6. Parta los 3 duraznos restantes por la mitad y colóquelos en un plato grande. Unte los duraznos con el cuarto de taza de miel de agave restante y luego áselos con la parte cortada hacia abajo por alrededor de 2 minutos hasta que tengan marcas de parrilla.

7. Retire los moldes del refrigerador y vierta una cucharada de crema batida encima, en caso de que desee usarla. Sirva cada taza de durazno en un plato pequeño con un durazno a la parrilla a un lado. Rocíe el jugo reservado de durazno sobre las tazas. Termine con una ramita de menta y sirva.

¿Sabía que...?

Las vainas de vainilla son caras, por lo que debería aprovecharlas al máximo. Después de raspar las semillas de la vaina (use un cuchillo de partir para cortar la vaina de un extremo a otro, abra y raspe las semillas con la parte roma del cuchillo), reserve la vaina y viértala en un frasco de azúcar granulada para infundirle sabor. También puede sumergir la vaina en una botella de vodka o ron, o dejar que la vaina se seque y luego molerla con azúcar en un molinillo de especias para hacer azúcar de vainilla.

ARROZ PEGAJOSO *con* DULCE DE LECHE

Para 6 personas

6   tazas de leche

1   taza de arroz blanco de grano largo
     (como el basmati)

2   barras de canela

1   anís estrellado entero

1   lata de 14 onzas de leche condensada
     tipo dulce de leche

Cuando yo era pequeña, mi mamá me hacía todo el tiempo este tradicional postre latino de arroz con leche. Esta versión se prepara con dulce de leche, y se reduce lentamente con el azúcar hasta que se carameliza y adquiere un color café. Puede utilizar la variedad comercial para ahorrar tiempo y, sin embargo, conservar su sabor super delicioso. El simple olor lo enloquecerá. Aunque el pudín se puede servir tibio, a temperatura ambiente o refrigerado, lo mejor es comerlo el mismo día que lo haga.

1.   Hierva la leche, el arroz, las barras de canela y el anís estrellado a fuego alto en una olla grande de fondo grueso. Reduzca el fuego a medio-bajo y cocine por alrededor de 30 minutos revolviendo con frecuencia, hasta que el arroz esté tierno. (Si el arroz comienza a pegarse al fondo de la olla, reduzca el fuego a bajo para que no se queme). Retire y deseche las barras de canela y el anís estrellado.

2.   Añada el dulce de leche y cocine por alrededor de 20 minutos revolviendo con frecuencia, hasta que espese. Divida el arroz con leche en seis tazones y sirva.

FLAN DE MARUJA

1 taza de azúcar

8 huevos grandes

1 cucharadita de extracto puro de vainilla

2 latas de 12 onzas de leche condensada edulcorada

2 latas de 12 onzas de leche evaporada

Esta receta viene de Maruja, la mamá de mi querido amigo Juanqui, y yo la preparé a su lado, tomando diligentemente notas todo el tiempo. Debo decir que es el mejor flan, el más cremoso y sedoso que he probado. Los pocos ingredientes no tienen nada de especial: el truco está en cómo lo hace. Número uno: no bata demasiado la mezcla de huevo. Número dos: utilice periódicos para hacer un *bain marie* (o baño maría) amortiguado. Número tres: hornee el flan a 340°F y no tenga la tentación de subir a 350°F. Yo lo he hecho y el flan no queda igual. El flan horneado se puede refrigerar hasta por dos días y se sirve frío.

1. Precaliente el horno a 340°F. Forre un molde para hornear con dos hojas de periódico y reserve.

2. Vierta el azúcar en una cacerola pequeña con fondo grueso y cocine a fuego medio. Cuando el azúcar comience a derretirse, revuelva cada 30 segundos por alrededor de 8 minutos hasta que tenga un color ambarino claro. Reduzca el fuego a bajo y cocine el azúcar de 5 a 7 minutos más agitando la sartén con frecuencia, hasta que la mezcla tenga un color café rojizo. Retire inmediatamente la sartén del fuego y vierta el azúcar caliente (con mucho cuidado) en un molde redondo de 9 pulgadas. Incline la sartén para cubrir todo el fondo y hasta tres cuartas partes del lado con el azúcar caliente. Deje la bandeja a un lado.

3. Bata los huevos en una batidora eléctrica por alrededor de 20 segundos hasta que estén bien mezclados. Añada la vainilla, la leche condensada y la leche evaporada y bata a velocidad media por alrededor de 30 segundos hasta que la mezcla esté

esponjada y bien combinada (no bata demasiado la mezcla: es muy importante batir sólo hasta combinar). Vierta la mezcla en el molde de pastelería cubierto de azúcar.

4. Coloque con cuidado el molde en la bandeja forrada con papel periódico. Vierta suficiente agua caliente para llenar la bandeja a una profundidad de 1 pulgada. Introduzca la bandeja en el horno y hornee por alrededor de 1 hora y 15 minutos hasta que un probador de tortas insertado en el centro del flan salga limpio. Retire con cuidado la bandeja del horno y deje enfriar 2 horas. Luego, enfríe el flan en el refrigerador por lo menos 2 horas o toda la noche.

5. Retire el flan de la bandeja. Pase un cuchillo de pelar por los bordes del flan. Invierta un plato grande de servir (más grande que el flan) encima del flan y delo vuelta con cuidado para dejar el flan y el caramelo en el plato. Corte en porciones y sirva.

¿Sabía que...?

La mejor manera de limpiar el caramelo caliente o endurecido de la sartén es cubrirla con una o dos pulgadas de agua y ponerla a hervir. El azúcar endurecida se disuelve en el agua hirviendo, haciendo que la limpieza sea muy rápida y simple.

PUDÍN DE PAN *con* CHOCOLATE BLANCO *y* FRAMBUESAS

Para 8 personas

1 cucharada de mantequilla sin sal, suavizada

4 *croissants* del día anterior, cortados en cubos de 1 pulgada

3 tazas de crema espesa

1 vaina de vainilla, partida a la mitad y a lo largo

4 onzas de chocolate blanco, finamente picado

1/4 de taza de ron oscuro

2 cucharadas de azúcar

1 pinta de frambuesas frescas

4 huevos grandes

2 yemas de huevos grandes

Crema batida (página 213), para servir (opcional)

La torta de pan es la versión venezolana del pudín de pan, elaborada con leche condensada para darle mayor cremosidad y fortalecida con ron. Hago la mía con *croissants* hojaldrados, y en vez de la leche condensada preparo una salsa sedosa de chocolate blanco que vierto sobre los cubos de *croissants* y las frambuesas frescas. Se hornea hasta lograr unas natillas ricas, creando un postre increíblemente elegante y al mismo tiempo sencillo, especialmente cuando es horneado en porciones individuales.

1. Precaliente el horno a 350°F. Engrase con la mantequilla una bandeja cuadrada para hornear de 9 pulgadas.

2. Esparza los cubos de *croissant* en una capa uniforme en la parte inferior de la bandeja preparada. Deje a un lado.

3. Vierta la crema en una cacerola mediana. Utilice el respaldo de un cuchillo para raspar las semillas de la vaina de vainilla y añada ambas a la crema. Agregue el chocolate blanco. Caliente a fuego medio-bajo por alrededor de 5 minutos revolviendo con frecuencia, hasta que el chocolate blanco se derrita. Apague el fuego y deje a un lado.

4. Caliente el ron, el azúcar y 1/4 de taza de agua en una cacerola pequeña a fuego medio-bajo por alrededor de 10 minutos revolviendo con frecuencia, hasta que el azúcar se disuelva. Coloque las frambuesas en un tazón mediano y vierta el almíbar de ron encima. Revuelva suavemente para mezclar. Cubra los cubos de *croissant* con las frambuesas empapadas en ron y jarabe.

5. Bata los huevos y las yemas de huevo en un tazón grande. Retire la vaina de vainilla de la mezcla de chocolate blanco y

continuado

luego añada casi 1 taza de la mezcla de chocolate blanco a los huevos. Cuando el fondo del tazón esté caliente (tal vez tenga que añadir alrededor de 1 taza más de la mezcla de chocolate blanco para templar suficientemente los huevos, de modo que no cuajen), agregue la mezcla restante de chocolate blanco. Vierta la mezcla uniformemente sobre las frambuesas y los cubos de *croissant* con una espátula de caucho.

6. Coloque la cacerola con el pudín de pan en una bandeja para hornear. Vierta agua caliente hasta la mitad de la bandeja para hornear. Hornee por alrededor de 20 minutos o hasta que el centro del pudín esté firme y un probador de pastel insertado en el centro salga limpio. Retire del horno y enfríe por completo. Sirva con una cucharada de crema batida, en caso de que desee usarla.

MANGO QUATRO LECHES

Aceite vegetal antiadherente en
aerosol para cocinar

2 tazas de harina para todo uso

3/4 de taza de azúcar, más 1/2 cucharadita

2 cucharaditas de bicarbonato de sodio

1/2 cucharadita de sal kosher

4 huevos grandes, separados

1 cucharadita de extracto puro de
vainilla

2 claras de huevo

3/4 de taza de hojuelas de coco sin azúcar

1 taza de mango, picado

2 tazas de crema *half & half* sin grasa

1 lata de 14 onzas de leche condensada,
sin grasa y endulzada

1 lata de 12 onzas de leche evaporada al
2% baja en grasa

2 cucharadas de jugo de naranja fresco

1/2 taza de dulce de leche comprado

1 taza de Crema batida (página 213)

Para 10 personas

La torta tres leches es muy popular en América Latina.
Elaborada con leche entera, leche condensada y leche
evaporada, es una torta densa y húmeda que también es
dulce y sencilla, ideal para fiestas informales y cumpleaños. Yo quise crear una versión aún más indulgente, con
mangos que forman una capa de fondo afrutado y dulce
de leche (la cuarta leche) untado por encima.

1. Precaliente el horno a 350°F. Cubra un molde desarmable
de 9 pulgadas por 13 con aceite vegetal antiadherente en aerosol y deje a un lado.

2. Bata la harina, 3/4 de taza de azúcar, el bicarbonato de
sodio y la sal en un tazón grande.

3. Con una batidora eléctrica, bata las yemas de huevo, la
vainilla y 1/4 de cucharadita de azúcar a velocidad alta hasta
que las yemas tengan un color amarillo pálido y dupliquen su
volumen. Bata a velocidad alta las 6 claras de huevo con el
cuarto de cucharadita de azúcar restante en otro tazón grande
hasta formar picos suaves. Agregue una cuarta parte de las
claras de huevo a la mezcla de las yemas y luego incorpore
suavemente las claras restantes hasta que sólo queden algunas rayas blancas. Pase la mezcla de harina por un colador y
mézclela suavemente con la mezcla de huevo.

4. Use una espátula de caucho para verter la mezcla en el
molde desarmable. Hornee de 35 a 45 minutos o hasta que un
probador de pastel insertado en el centro salga limpio. Retire
del horno y deje encendido. Coloque la torta en una rejilla
para que se enfríe completamente antes de pasar un cuchillo
de partir por los bordes de la torta para aflojarla y pasarla a un

continuado

plato plano o rejilla para que se siga enfriando. Limpie el molde y deje a un lado.

5. Mientras que la torta se enfría, esparza el coco en una bandeja para hornear con bordes y hornee de 5 a 8 minutos revolviendo ocasionalmente, hasta que esté fragante y tenga un color dorado. Retire del horno y vierta el coco en un plato grande para que se enfríe.

6. Esparza los mangos en una fuente para hornear formando una capa uniforme. Coloque la torta refrigerada encima de los mangos. Bata la crema *half & half*, la leche condensada, la leche evaporada y el jugo de naranja en un tazón grande. Vierta la mezcla sobre la torta. Cubra la bandeja con papel plástico y refrigere por lo menos 30 minutos o hasta por 2 días para que la torta absorba el líquido.

7. Saque la torta del refrigerador. Corte en porciones y sirva con un poco del dulce de leche y un poco de crema batida. Espolvoree el coco tostado por encima.

DURAZNOS POTENCIADOS *con* MIEL, MARSALA *y* FRESAS *con* SABAYÓN

Para 8 personas

PARA LA FRUTA

- 3/4 de taza de vino Marsala dulce
- 3/4 de taza de azúcar
- 3 cucharadas de miel
- 2 cucharadas de crema balsámica embotellada
- 4 duraznos maduros, pelados, sin semilla y cortados en trozos de 1/2 pulgada
- 1 cuarto de galón de fresas, sin las hojas y picadas en trozos de 1/2 pulgada

PARA EL SABAYÓN

- 8 yemas de huevos grandes
- 1/4 de taza de azúcar
- 1/4 de taza de vino Marsala dulce
- 2 tazas de crema espesa

La fruta fresca para postres es particularmente buena cuando se empapa en vino Marsala, ajerezado y con sabor a miel, y luego es terminada con esta salsa de postre deliciosamente rica que tiene una textura que oscila entre crema inglesa y natillas. Llamado *zabaglione* en italiano y sabayón en español y francés, le doy un toque especial a mi versión añadiendo unas cucharadas de crema balsámica embotellada —fuerte, dulce y almibarada— a la marinada de miel para la fruta.

1. Coloque los 3/4 de taza de vino Marsala, el azúcar, la miel y la crema balsámica en una cacerola pequeña y hierva lentamente a fuego medio, revolviendo ocasionalmente, hasta que el azúcar se disuelva. Vierta los duraznos y las fresas en un tazón grande, añada el jarabe caliente sobre la fruta y deje a un lado.

2. Llene una olla grande con 2 pulgadas de agua y hierva a fuego alto. Reduzca el fuego a bajo. Bata las yemas de huevo, el azúcar y 1/4 de taza de vino Marsala en un recipiente grande y refractario y colóquelo sobre la olla con el agua caliente (la parte inferior de la taza no debe tocar el agua, pues los huevos quedarían revueltos). Bata constantemente la mezcla de huevo sobre el agua caliente por alrededor de 10 minutos hasta que esté esponjosa y espesa. Apague el fuego, retire la olla y siga batiendo vigorosamente la mezcla de huevo de 2 a 3 minutos hasta que se haya enfriado y haya duplicado su volumen.

3. Vierta la crema en el tazón de una batidora de pie y mezcle a velocidad media-alta hasta que forme picos medianamente rígidos. Vierta la crema batida en la salsa Marsala.

4. Divida la fruta en ocho copas de martini o en ocho tazas de postre. Vierta el sabayón y sirva.

RECETAS
ESENCIALES

La cocina latina moderna es una mezcla de culturas y cocinas en la que los ingredientes latinos dan intensidad a los sabores y alimentos que conocemos y amamos. Es una manera de honrar las tradiciones de nuestra tierra, mientras adoptamos nuevos platos de todo el mundo que nosotros como estadounidenses hemos llegado a amar.

Hay varios ingredientes y recetas a los que apelo para dar esa capa extra de sabor a mi comida. Algunos son latinos y otros no. Unos, como el sofrito, el semiglaseado de vino tinto y el caldo de pollo, construyen el sabor desde adentro, mientras que otros, como las salsitas y la llovizna de hierbas, finalizan un plato con un golpe de sabor. En esta sección encontrará recetas que considero esenciales para la nueva cocina latina.

SALSITA PICANTE DE GUASACACA

Para 2 tazas

1 aguacate Hass, partido a la mitad, sin semilla y pelado

1/2 taza de cilantro fresco, finamente picado

2 cucharadas de jugo de limón fresco

2 cucharaditas de sal kosher

1 1/2 cucharaditas de salsa Tabasco

Esta salsa venezolana estilo guacamole tiene un fuerte acento gracias a la salsa picante Tabasco. A veces se hace en puré y se sirve como una salsa, como en la Ensalada de camarones fríos y maíz peruano (página 70).

Coloque las mitades de aguacate en el tazón de un procesador de alimentos y mezcle hasta que estén completamente suaves. Vierta la mezcla en un tazón mediano y agregue el cilantro, el jugo de limón, la sal y la salsa Tabasco. Pase a un recipiente hermético y refrigere hasta por un día. (Nota: La capa superior del aguacate comenzará a oscurecerse, pues está expuesta al aire; revuelva o retírela antes de servir).

SALSITA DE JÍCAMA Y MANZANA

Para 3¹/₂ tazas

1 jícama, pelada y cortada en cubos de ¹/₂ pulgada

1 manzana verde, pelada, sin corazón y cortada en cubos de ¹/₂ pulgada

1 cebolla roja pequeña, finamente picada

¹/₂ taza de cilantro, finamente picado

¹/₄ de taza de perejil liso, finamente picado

¹/₂ taza de aceite de oliva extra virgen

El jugo de 1 limón

1 cucharadita de sal kosher

¹/₂ cucharadita de pimienta negra recién molida

La jícama es una raíz vegetal jugosa, crujiente como una pera verde, con un sabor que evoca a las manzanas.

Coloque la jícama, las manzanas, la cebolla, el cilantro, el perejil, el aceite de oliva, el jugo de limón, la sal y la pimienta en un tazón mediano y revuelva para mezclar. Pase a un recipiente hermético y refrigere hasta por 2 días.

SALSA PICANTE DE CILANTRO
y JALAPEÑOS HORNEADOS

Para 3¹/₂ tazas

- 1 chile jalapeño
- 1 ¹/₄ tazas de yogur natural sin grasa
- 1 cebolla amarilla pequeña, cortada en pedazos
- ¹/₂ aguacate Hass, sin semilla y pelado
- ¹/₂ taza de hojas de cilantro fresco
- ¹/₂ diente de ajo
- 2 cucharadas de aceite de oliva extra virgen
- ¹/₂ cucharadita de jugo de limón amarillo fresco
- ¹/₂ cucharadita de sal kosher
- ¹/₄ de cucharadita de comino en polvo

Esta salsa suave puede rociarse sobre bistec a la parrilla, pollo, cerdo o añadida incluso a una vinagreta para dar un toque ahumado al pescado.

1. Coloque la parrilla en posición media-alta y precaliente el asador del horno a temperatura alta.

2. Coloque el jalapeño en un molde pequeño para hornear y ase por alrededor de 10 minutos hasta que se carbonice y desinfle (revise el horno con frecuencia, pues la intensidad del calor suele variar), dando vuelta el jalapeño a mitad de la cocción. Retire el molde del horno y deje enfriar 10 minutos. Despegue la piel chamuscada, corte el jalapeño a la mitad y raspe las semillas.

3. Coloque el jalapeño, el yogur, la cebolla, el aguacate, el cilantro, el ajo, el aceite de oliva, el jugo de limón amarillo, la sal y el comino en la taza de un procesador de alimentos. Añada 2 cucharadas de agua y mezcle hasta que esté suave. Pase a un recipiente hermético y refrigere hasta por 3 días.

SALSITA DE HABANERO HORNEADO

Para 3½ tazas

1 pimentón rojo grande

1 tomate ciruela

1 chile habanero

1 diente de ajo sin pelar

1¼ tazas de yogur natural sin grasa

1 cebolla amarilla pequeña, cortada en pedazos

½ aguacate Hass, pelado

2 cucharadas de aceite de oliva extra virgen

½ cucharadita de jugo de limón amarillo fresco

½ cucharadita de sal kosher

¼ de cucharadita de comino en polvo

El tomate, el pimentón rojo y el ajo horneados moderan el sabor ultrapicante del habanero de esta salsa suave.

1. Precaliente el horno a 450°F. Cubra con papel de aluminio una bandeja para hornear con bordes .

2. Coloque el pimentón, el tomate, el habanero y el ajo en la bandeja para hornear preparada. Áselos en el horno por alrededor de 30 minutos hasta que el pimentón esté blando y el tomate ligeramente arrugado, dando vuelta los vegetales a mitad del horneado. Saque la bandeja del horno y deje reposar por alrededor de 10 minutos hasta que esté lo suficientemente fría para manipularla.

3. Retire la piel del pimentón, del tomate y del chile. Córtelos a la mitad, retire las semillas y colóquelos en el tazón de un procesador de alimentos. Pele el ajo y agregue al procesador de alimentos, junto con el yogur, la cebolla, el aguacate, el aceite de oliva, el jugo de limón amarillo, la sal, el comino y 2 cucharadas de agua. Mezcle hasta que todo esté suave. Pase a un recipiente hermético y refrigere hasta por 3 días.

ACEITES EN INFUSIÓN

Los aceites mezclados con diversos ingredientes aromatizantes añaden profundidad a los alimentos y son especialmente útiles cuando está preparando una comida rápida. Los aceites en infusión son fáciles de hacer, y cuando tenga uno o dos, seguramente los utilizará una y otra vez. Casi cualquier cosa puede ser infundida en aceite, desde un ajo hasta chiles secos e incluso cítricos, por lo que esté abierto a dejar que su imaginación lo lleve a descubrir nuevos sabores. Los aceites en infusión deben refrigerarse y se mantendrán frescos por alrededor de una semana. El aceite se solidifica en el refrigerador, así que déjelo que repose veinte minutos fuera de este antes de usarlo (si está utilizando el horno en ese momento, colóquelo en la estufa para que se suavice rápidamente) o introduzca la botella con aceite en un tazón grande o en una jarra de agua caliente para calentarlo un poco antes de usarlo. Utilice aceite en infusión para:

* Mezclar con vegetales antes de asarlos.
* Verter en un tazón de sopa.
* Agregar a una vinagreta.
* Saltear con vegetales.
* Verter la mezcla en un tazón pequeño como una salsa para mojar pan fresco.
* Triturar con hierbas frescas, queso parmesano-reggiano y piñones para un pesto.

Los siguientes son algunos aceites en infusión que me gusta tener a la mano, pero no dude en experimentar con ingredientes y descubrir sus favoritos.

ACEITE PICANTE DE PIMENTONES CHERRY

Para alrededor de 2 tazas

1 taza de aceite de oliva extra virgen

1 taza de pimentones cherry encurtidos y envasados

1. Vierta el aceite de oliva en una cacerola pequeña a fuego medio-bajo hasta que el aceite se caliente ligeramente.

2. Coloque los pimentones en el tazón de un procesador de alimentos y triture. Con el procesador funcionando, vierta lentamente el aceite de oliva tibio. Apague el procesador cuando la mezcla esté suave. Pase a un recipiente hermético o a un frasco y deje reposar al menos 1 hora antes de usar.

ACEITE DE TOMATE EN INFUSIÓN

Para alrededor de 2 tazas

1 taza de aceite de oliva extra virgen

1 tomate grande, partido a la mitad y sin semillas

1. Vierta el aceite de oliva en una cacerola pequeña a fuego medio-bajo hasta que el aceite se caliente ligeramente.

2. Coloque el tomate en el tazón de un procesador de alimentos y triture. Con el procesador funcionando, vierta lentamente el aceite de oliva tibio. Apáguelo cuando la mezcla esté suave. Pase a un recipiente hermético o a un frasco y deje reposar por lo menos 1 hora antes de usar.

ACEITE DE CILANTRO EN INFUSIÓN

Para alrededor de 1½ tazas

½ taza de hojas de cilantro

1½ tazas de aceite de oliva extra virgen

1. Coloque el cilantro en una bolsa plástica resellable para congelar con capacidad de un cuarto de galón y elimine la mayor cantidad de aire posible de la bolsa antes de sellarla. Aplane la bolsa y agítela ligeramente de modo que las hojas queden casi en una sola capa. Guarde la bolsa en el congelador durante toda la noche (o por un máximo de 2 semanas) para que las hojas se congelen totalmente antes de usarlas. NOTA: puede utilizar albahaca en lugar de cilantro.

2. Vierta el aceite de oliva en una cacerola pequeña a fuego medio-bajo hasta que el aceite se caliente ligeramente.

3. Coloque el cilantro en el tazón de un procesador de alimentos y procese hasta que quede finamente picado. Con el procesador funcionando, vierta lentamente el aceite de oliva tibio. Apáguelo cuando la mezcla esté suave. Pase a un recipiente o a un frasco hermético y deje reposar por lo menos 1 hora antes de usar.

LLOVIZNA DE HIERBAS

Para alrededor de ¹/₃ de taza

1 cucharada de cilantro fresco,
finamente picado

1 cucharada de hojas de perejil liso y
fresco, finamente picadas

¹/₂ cucharadita de tomillo fresco,
finamente picado

¹/₄ de taza de aceite de oliva extra virgen

1 pizca de sal kosher

1 pizca de pimienta negra recién molida

Dé un maravilloso sabor a todo, desde vinagretas a pescado a la parrilla, sopas y vegetales asados.

Mezcle el cilantro, el perejil y el tomillo en un tazón pequeño. Añada el aceite de oliva, la sal y la pimienta, y bata para combinar. Pase a un recipiente hermético y refrigere hasta por 3 días. Deje reposar a temperatura ambiente antes de usar.

PIMENTONES ROJOS CONFITADOS

- 1 taza de azúcar
- 1 taza de vinagre blanco destilado
- 2 pimentones rojos, partidos a la mitad, sin semillas y cortados en tiras a lo largo de ¹/₄ de pulgada de ancho
- 1 diente de ajo, machacado
- 1 barra de canela
- 1 anís estrellado

Cocinar los pimentones a fuego lento en vinagre y azúcar los transformará en un delicioso condimento agridulce que le da un maravilloso sabor picante al Churrasco y rúgula con chimichurri de pimentones confitados (página 123).

Disuelva el azúcar en el vinagre dentro de una olla mediana a fuego medio-bajo, revolviendo de vez en cuando. Añada el pimentón, el ajo, la barra de canela y el anís estrellado, y reduzca el fuego a bajo. Cocine por alrededor de 45 minutos hasta que las tiras de pimentón estén glaseadas, confitadas y un poco transparentes. Apague el fuego y deje enfriar. Pase los pimentones y el líquido a un recipiente hermético y refrigere hasta por 1 mes.

SOFRITO BÁSICO

Para 2¹/₂ tazas

2 cucharadas de aceite de oliva extra
   virgen

2 cebollas amarillas, finamente picadas

2 dientes de ajo, picados en pedazos
   muy pequeños

4 chiles dulces frescos (alrededor de
   ¹/₂ taza), partidos a la mitad y
   finamente picados

2 cebollines, sólo la parte blanca y la
   verde clara, finamente picados

1 tallo de apio (con hojas), finamente
   picado

1 puerro, solamente la parte blanca y la
   verde clara, finamente picado

1 pimentón rojo, partido a la mitad, sin
   semillas y finamente picado

2 tomates cortados a la mitad, sin
   semillas y finamente picados

El sofrito es la base de muchos platos latinos. Así como los franceses usan el *mirepoix*, una combinación de cebollas, zanahorias y apio picados finamente, los latinoamericanos utilizamos el sofrito para darle sabor a sopas, guisos y salsas. Si no puede encontrar ají dulce, use jalapeños sin semillas o pimentones cherry encurtidos y envasados.

Caliente el aceite de oliva en una sartén grande a fuego alto. Añada las cebollas y el ajo y cocine por alrededor de 2 minutos hasta que las cebollas estén transparentes, revolviendo con frecuencia. Añada el chile dulce, el cebollín, el apio, los puerros, los pimentones y cocine por alrededor de 5 minutos revolviendo de vez en cuando, hasta que los pimentones estén tiernos. Añada los tomates y cocine de 2 a 3 minutos, revolviendo hasta que los jugos se evaporen. Utilice inmediatamente o deje a temperatura ambiente antes de verter en un recipiente hermético; refrigere hasta por 4 días o congele hasta por 3 meses.

TORTILLAS *con* HIERBAS

Para 8 tortillas de 3 pulgadas

½ taza de harina de maíz para tortillas

½ cucharadita de sal kosher

2 cucharadas de cilantro fresco, finamente picado

2 cucharadas de menta fresca, finamente picada

2 cucharadas de hojas de perejil liso y fresco, finamente picadas

Las tortillas hechas en casa son adictivamente deliciosas y fáciles de hacer. El cilantro, la menta y el perejil frescos las hacen más sabrosas. Omita las hierbas para hacer una tortilla de maíz normal.

1. Mezcle la harina de maíz, la sal, el cilantro, la menta y el perejil en un tazón mediano. Añada ⅔ de taza de agua caliente y mezcle los ingredientes con una cuchara de madera. Si la masa es muy difícil de mezclar con una cuchara, amase con las manos por alrededor de 5 minutos hasta que alcance una consistencia suave.

2. Coloque la masa sobre una tabla de cortar y divídala en 8 porciones. Forme una bola con cada porción y colóquelas en un plato grande. Cubra el plato con una toalla de cocina húmeda para que la masa no se seque.

3. Caliente una sartén grande antiadherente o una plancha plana a fuego alto. Cubra las dos placas de una prensa de tortillas con envoltura plástica. Coloque una bola de masa en la placa inferior y presione para hacer una tortilla de 3 pulgadas de diámetro, casi tan delgada como el papel. Abra la prensa y use la envoltura plástica para levantar la tortilla de la prensa. Retire la envoltura superior de la tortilla, dela vuelta, retire la envoltura por completo y coloque la tortilla en la sartén caliente (debe chisporrotear). Cocine por alrededor de 1 minuto hasta que esté tostada y luego dé vuelta la tortilla con los dedos o con una espátula y cocine por el otro lado por alrededor de 1 minuto más hasta que esté dorado y crujiente. Pase a un recipiente que mantenga las tortillas calientes o sirva de inmediato. Repita la operación con las bolas de masa restantes.

ARROZ BLANCO BÁSICO

Para 4 personas

2 tazas de arroz blanco de grano largo (preferiblemente jazmín)

1 cucharada de mantequilla sin sal

1½ cucharaditas de aceite de oliva extra virgen

1 cucharadita de sal kosher

4 tazas de Caldo de pollo (página 211) o de caldo de pollo comprado

Esta es la forma en que mi abuela y mi mamá hacen un arroz blanco mantequilloso y suelto. El secreto de su increíble textura es mantener la olla tapada durante los últimos 20 minutos de cocción, ¡sin espiar!

1. Coloque el arroz, la mantequilla, el aceite de oliva, la sal y el caldo de pollo en una cacerola grande. Hierva el líquido a fuego alto y cocine sin tapar por alrededor de 15 minutos hasta que haya agujeros en la superficie del arroz que vayan hasta el fondo de la olla.

2. Reduzca el fuego a muy bajo, tape la olla y cocine por 20 minutos. Destape la olla, esponje el arroz con un tenedor y sirva.

LOS MEJORES FRIJOLES NEGROS

Para 6 personas

½ libra de frijoles negros secos
(alrededor de 1¼ tazas)

1 hoja de laurel

2 cucharadas de aceite de oliva extra
virgen

1 cebolla amarilla, finamente picada

1 pimentón verde grande, partido a la
mitad, sin semillas y finamente picado

10 dientes de ajo, picados en pedazos
muy pequeños

2 cucharaditas de comino en polvo

2 cucharaditas de orégano seco

1 cucharadita de cilantro en polvo

1 cucharada de vinagre de vino tinto,
y más para servir

1 cucharada de sal kosher

1 pizca de pimienta de cayena

Pimienta negra recién molida

Los frijoles negros son un elemento básico en las cocinas latinas, donde son servidos sobre el arroz en casi todas las comidas. Usar frijoles secos en lugar de enlatados da una riqueza maravillosa al caldo de frijol y una consistencia más cremosa. Si prefiere usar frijoles enlatados para ahorrar tiempo, reemplace los frijoles secos por 2 latas de 15 onzas de frijoles negros enjuagados.

1. Coloque los frijoles en una olla grande con 12 tazas de agua y la hoja de laurel, y hierva a fuego alto. Cubra, retire del fuego y deje reposar 1 hora.

2. Vuelva a cocinar los frijoles a fuego alto. Destape la olla, reduzca el fuego a medio-bajo y cocine a fuego lento por alrededor de 1½ horas hasta que estén blandos.

3. Caliente el aceite de oliva a fuego medio-alto en una sartén mediana. Añada la cebolla y los pimentones y cocine por alrededor de 5 minutos revolviendo con frecuencia, hasta que estén suaves. Agregue el ajo, el comino, el orégano y el cilantro, y cocine por alrededor de 1 minuto hasta que el ajo esté fragante. Apague el fuego y vierta la mezcla de la cebolla en los frijoles. Siga cocinando los frijoles por alrededor de 1½ horas más hasta que estén muy tiernos y el líquido esté ligeramente espeso (si el líquido parece demasiado espeso después de este tiempo, rectifique la consistencia añadiendo un poco de agua).

4. Agregue el vinagre, la sal, la pimienta de cayena y la pimienta negra al gusto y sirva con más vinagre a un lado.

PLÁTANOS MADUROS Y DULCES

Para 4 personas

Aceite vegetal antiadherente en aerosol para cocinar
4 plátanos maduros y negros
Sal Kosher
1 limón, cortado en cascos

Los plátanos parecen bananas grandes. Se venden en varios grados de madurez: cuando la cáscara es de color verde son almidonados como una papa y se suelen partir en tajadas para hacer tostones. Cuando la cáscara se vuelve negra, son dulces y pegajosos por dentro, perfectos para hacer maduros. Por lo general, los plátanos maduros y dulces se fríen y se sirven con crema (que es más semejante a la *créme fraîche* que a la crema agria), pero yo prefiero hornearlos y rociarlos con sal y limón para darles un perfil cítrico, dulce y salado.

1. Precaliente el horno a 350°F. Cubra con papel aluminio una bandeja para hornear con bordes, aplique el aerosol vegetal sobre el papel de aluminio y deje a un lado.

2. Pele los plátanos y córtelos por la mitad en sentido transversal y en diagonal y luego corte cada mitad en dos y a lo largo. Coloque los plátanos en la bandeja y hornee por alrededor de 20 minutos hasta que estén fragantes, dorados y crujientes por los bordes. Retire del horno y deje enfriar.

3. Pase los plátanos a un plato con papel toalla y espolvoréelos con sal. Sírvalos calientes con cascos de limón.

SALSA DE TOMATE

Para 3¹/₂ tazas

1 lata de 14 onzas de tomates triturados

1 botella de 8 onzas de salsa de tomate colada

1 zanahoria, cortada en trozos grandes

1 cebolla roja, cortada en trozos grandes

1 tallo de apio, cortado en trozos grandes

1 cucharada de azúcar

1 cucharadita de sal kosher

¹/₂ cucharadita de pimienta negra recién molida

Utilizo la salsa de tomate como base para la pasta e incluso para un caldo (Caldo de tomate con almejas y calamares crujientes, página 10). Es básica, deliciosa e infinitamente versátil.

Coloque los tomates triturados, la salsa de tomate, la zanahoria, la cebolla, el apio, el azúcar, la sal y la pimienta en un vaso de licuadora y licue hasta que quede completamente suave. Pase a un recipiente hermético y refrigere por un máximo de 3 días o congele hasta por 2 semanas en una bolsa plástica resellable con capacidad de un cuarto de galón.

SEMIGLASEADO SIMPLIFICADO DE VINO TINTO

Para 5 tazas

1½ libras de huesos de carne de res, pollo, cerdo o ternera

4 zanahorias, cortadas en tres pedazos

4 tallos de apio, cortados en tres pedazos

2 cebollas amarillas, cortadas en cuatro pedazos

8 dientes de ajo

1 cucharada de aceite de oliva extra virgen

½ cucharadita de sal kosher

1 lata de 6 onzas de pasta de tomate

1 botella (750 mililitros) de vino tinto seco (cabernet sauvignon, merlot o similares)

Hacer un semiglaseado convencional tarda varios días. Esta versión condensa el proceso en unas pocas horas sin sacrificar el sabor o la intensidad. El semiglaseado da estructura a salsas como la salsa de maracuyá para el Solomillo de ternera con costra de queso azul y semiglaseado de maracuyá (página 91) y a la salsa barbacoa para las Costillitas con mango a la barbacoa (página 119). Pruébelo añadiéndolo a la sartén después de haber sellado en ella una pechuga de pollo, una costilla de cerdo o un bistec de falda, para hacer una rica salsa.

1. Precaliente el horno a 400°F.

2. Coloque los huesos, la zanahoria, el apio, la cebolla y el ajo en una bandeja grande para hornear. Añada el aceite de oliva y la sal, mezcle con los huesos y los vegetales y cocine por 30 minutos.

3. Bata la pasta de tomate en un tazón pequeño para disminuir su espesor. Retire la bandeja del horno y use un cepillo de repostería o de silicona para recubrir los huesos y los vegetales con la pasta de tomate. Regrese la sartén al horno por 30 minutos más. Dé vuelta los huesos y los pedazos grandes de vegetales y cocine por otros 20 minutos.

4. Retire la bandeja del horno y vierta el vino tinto sobre los huesos y los vegetales. Deje a un lado por 5 minutos. Retire los huesos de la sartén y deseche. Raspe los pedacitos oscuros del fondo de la sartén con una cuchara de madera y luego pase los vegetales a una olla grande o sopera con una espumadera. Vierta dentro el líquido de la bandeja para hornear.

5. Agregue 6 tazas de agua a la olla y hierva a fuego alto. Reduzca el fuego a medio-alto y cocine por 10 minutos, re-

duzca el fuego y cocine a fuego lento de 45 minutos a 1 hora hasta que el líquido se reduzca a la mitad. Apague el fuego y deje enfriar ligeramente por alrededor de 5 minutos.

6. Coloque un colador de malla fina sobre un recipiente grande de plástico y cuele el semiglaseado reducido. Presione los sólidos en el colador con una espátula de caucho y exprima la mayor cantidad de líquido posible. Cubra el recipiente y refrigere hasta por 3 días o congele hasta por 3 semanas.

CALDO DE CARNE

Para 3¹/₂ cuartos de galón

2 libras de pierna de res

1 cebolla amarilla grande, picada

2 zanahorias, picadas en trozos grandes

2 tallos de apio, picados en trozos grandes

1 manojo grande de cilantro fresco, con los tallos

1 manojo grande de menta fresca, con los tallos

1. Coloque 1 galón de agua, la pierna de res, la cebolla, la zanahoria, el apio, el cilantro y la menta en una olla grande a fuego alto y hierva. Cocine durante 10 minutos, reduzca el fuego a medio-bajo y cocine a fuego lento durante 1 hora, retirando la espuma de la superficie del caldo siempre que sea necesario.

2. Apague el fuego y deje enfriar por 30 minutos. Cuele el caldo en un colador de malla fina en un tazón grande y deseche los sólidos. Deje enfriar el caldo a temperatura ambiente. Divídalo en dos bolsas de plástico resellables de un galón y refrigere por un máximo de 3 días, o congele hasta por 3 meses.

CALDO DE POLLO

Para 3½ cuartos de galón

1 libra de muslos de pollo con piel

1 libra de alas de pollo con piel

1 cebolla amarilla, picada

2 zanahorias, picadas en trozos grandes

2 tallos de apio, picados en trozos grandes

1 manojo grande de cilantro fresco, con los tallos

1 manojo grande de menta fresca, con los tallos

1. Coloque 1 galón de agua, los muslos y las alas de pollo, la cebolla, las zanahorias, el apio, el cilantro y la menta en una sopera grande a fuego alto y hierva. Cocine durante 10 minutos, reduzca el fuego a medio-bajo y cocine por 1 hora, retirando la espuma de la superficie del caldo siempre que sea necesario.

2. Apague el fuego y deje enfriar por 30 minutos. Cuele el caldo en un colador de malla fina hacia un tazón grande y deseche los sólidos. Deje enfriar el caldo a temperatura ambiente. Divídalo en dos bolsas de plástico resellables de un galón y refrigere por un máximo de 3 días, o congele hasta por 3 meses.

NUECES CARAMELIZADAS

Para 2 tazas

2 tazas de nueces en mitades, crudas y
sin cáscara

²/₃ de taza de azúcar

¹/₃ de taza de Caldo de pollo (página 211)
o de caldo de pollo comprado

1. Cubra con papel pergamino una bandeja para hornear con bordes y deje a un lado.

2. Caliente una sartén grande a fuego medio-alto. Añada las nueces y el azúcar y cocine de 3 a 4 minutos revolviendo constantemente, hasta que el azúcar se derrita y tenga un color ámbar. Vierta el caldo de pollo, reduzca el fuego a medio y cocine por alrededor de 5 minutos hasta que el caldo se haya evaporado.

3. Pase las nueces a la bandeja para hornear preparada, esparza en una capa uniforme y deje enfriar. Cuando las nueces estén frías, páselas a un recipiente hermético y conserve a temperatura ambiente hasta por 1 semana.

CREMA BATIDA

1 **taza de crema espesa**

1 **cucharadita de extracto puro de vainilla**

3 **cucharadas de azúcar**

Bata la crema y la vainilla a velocidad media en una batidora eléctrica hasta que esté espesa y espumosa. Espolvoree el azúcar sin apagar la batidora y continúe batiendo por alrededor de 2 minutos hasta que se formen picos medianamente firmes. Utilice de inmediato o cubra el tazón con papel plástico y refrigere la crema batida por un máximo de 4 horas. Bata antes de usar.

AGRADECIMIENTOS

Siempre digo que tengo el mejor trabajo del mundo porque hago lo que me apasiona, lo que más me encanta, es decir: cocinar, hablar, enseñar y vivir la comida todos los días y a todas horas. No podría hacer lo que hago sin la ayuda y el apoyo de las personas que me rodean. En primer lugar y ante todo, doy gracias a Dios por haberme dado tantas bendiciones a lo largo de la vida. A mi madre, Blanca, a quien le debo todo, gracias por darme las bases del amor y de los valores, que son el pegamento que mantiene todo lo demás en su lugar. A mi papá Jaime, a mi hermano Carlos y a mis sobrinas y sobrinos —Andrea, Carlos Alejandro, Laura y Caco—: gracias por estar a mi lado y entender que el amor incondicional existe.

A mi equipo absolutamente maravilloso: a Randy Jackson, mi mánager, que es una maravillosa bendición y quien me ha abierto muchas puertas a una vida increíble; a Harriet Sternberg, quien le da forma a lo que Randy visualiza; y a Natalie Pérez, quien organiza mis cosas y comparte mis metas. Gracias a mis agentes en William Morris Endeavor Entertainment: Sean Perry, Eric Rovner, Amir Shahkhalili, Miles Gidaly, Andy McNicol y a todos los que trabajan incansablemente para ayudarme a alcanzar una audiencia cada vez mayor. Y muchas gracias a mi personal, Sarah Daly y Ramiro Arango, así como a mis practicantes Samantha Wong, Natalia Santos y Alia Asher, que trabajaron intensamente en este libro y me ayudaron a hacerlo realidad.

A mi querida amiga Soledad O'Brien: gracias por darme la oportunidad de compartir con el mundo lo que hago y por tus sabios consejos, que aún practico. Gracias a Bobby Flay por sus palabras de sabiduría y a Curtis Stone por su apoyo y sus ideas. A los increíbles productores Dan Cutforth, Jane Lipsitz y Nan Strait: gracias por creer en mí y en mi visión. A Luis Eduardo, mi amigo fiel: sin tu ayuda, este viaje nunca habría sido posible. Craig y Amy Carpentieri, gracias por iluminarme siempre con sus pensamientos sobre la vida y la positividad, y por apoyarme siempre en los tiempos agradables y en los difíciles. A mi mejor amigo, Juan Carlos Ruiz, y a Rick y Mina Lieberman, mis queridos amigos de toda la vida, gracias por estar cerca de mí durante todos estos años y por ser los mejores catadores de recetas.

Trabajé con muchas personas para dar vida a este libro. Pamela Cannon, mi editora en Ballantine creyó en mi visión y en lo que soy, no sólo como chef sino como persona. Gracias por ayudarme a crear una voz que es fiel a mí misma. A Raquel Pelzel: gracias por poner en palabras escritas lo que sólo puedo expresar verbalmente. También, gracias a Quentin Bacon, mi increíble fotógrafo; a Mariana Velásquez, estilista de alimentos; y a David Asher, estilista de accesorios, por tener la asombrosa capacidad de tomar mis ideas y convertirlas en imágenes bellas. Gracias a Ray Garcia y a Kim Suarez por su apoyo y dedicacion por llevar este maravilloso libro a mi querida comunidad hispana.

El mayor agradecimiento es para los Estados Unidos de América, por darme la oportunidad de representar a mi cultura latina, mi pasión y mis ideas todos y cada uno de los días.

RECETAS POR CATEGORÍA

CARNE DE POLLO, DE CERDO Y DE RES

ENSALADAS

PASTA, FRIJOLES Y ARROZ

PESCADOS Y MARISCOS

POSTRES

ÍNDICE ALFABÉTICO

Los números de página en *cursivas* remiten a ilustraciones.

Lorena García, dueña de restaurantes, estrella de la televisión y autora nacida en Venezuela, actualmente ocupa un lugar entre los chefs de mayor prestigio del país. Lorena es conocida gracias a diversas series de televisión como *Top Chef Masters*, *Top Chef Estrellas*, *Sazón con Lorena García*, *Lorena en su salsa* y *Novatos vs. Chef*, entre otras, así como por su exitosa cadena de restaurantes y sus libros de cocina. Inmediatamente después de haber publicado con éxito su primer libro de recetas —*Lorena Garcia's New Latin Classics*, cuya versión en español tiene usted en sus manos—, Lorena llevó su amor por la cocina a otro nivel al crear la colección *Lorena Bella Kitchen Collection* para la cadena HSN.

En un principio, Lorena planeaba ser abogada y así fue como obtuvo un título universitario en Asistencia Jurídica al tiempo que aprendía inglés. Pero pronto se dio cuenta de que su corazón no estaba ahí, y fue así que dejó el mundo de las leyes para inscribirse en la Universidad Johnson & Wales de donde se tituló en Artes Culinarias. En fechas más recientes, Lorena recibió un doctorado honoris causa en la misma materia.

Lorena es la fundadora de Big Chef, Little Chef, un amplio programa sin fines de lucro con sede en Miami, Florida —la ciudad donde reside—, destinado a ayudar a los niños y a sus familias a que tomen control de sus hábitos alimenticios y, en última instancia, de sus vidas.

ACERCA DE LA TIPOGRAFÍA

Para hacer este libro se utilizó la tipografía Scala Sans, diseñada por Martin Majoor en 1991. Fue creada originalmente para un centro musical en los Países Bajos y posteriormente fue difundida por la empresa especializada en tipografía FSI FontShop International. Sus extendidos remates característicos contribuyen a la articulación del diseño de las letras, lo que hace de ella una tipografía muy fácil de leer.